埃及神祇事典

從經典神話了解獨樹一幟的埃及眾神

紙結歷史編輯部／著

陳姵君／譯

前言

相信有許多讀者看到埃及這兩個字便會聯想到金字塔、人面獅身像等建築物，以及古夫、圖坦卡蒙（圖坦卡門）等法老王吧。發跡於四千多年前，規模宏大的古埃及文明，歷經久遠的歲月，依舊散發著不可思議的魅力，持續地吸引著我們一探究竟。

而與悠久的埃及歷史形成緊密連結，難以切割的則是埃及神話。埃及眾神的影響力，深入這個始於尼羅河流域之古文明的各個角落，為埃及文化奠定基礎，賦予獨特風貌，引領各層面的發展。埃及眾神不專屬於統治階級，而是平等地存在於老百姓的生活裡，因而衍生出高達數百名的神祇與多到數不清的神殿群，以及內容精彩豐富的神話故事。

埃及神話的最大特徵為「充滿矛盾」。由於神話是由許多口耳相傳的故事拼湊編纂而成的，因此每個地區的神話皆存在著不同的版本或矛盾之處，不過埃及神話的程度在這當中更是突出。比方說，埃及神話中最具代表性的赫利奧波利斯創世神話，交代完太陽神拉的誕生後，整個故事突然來個大轉彎，開始講起另一位太陽神阿圖姆的子孫誕生的經過。這就算了，阿圖姆的子孫後續卻以拉子孫的身分登場。埃及神話因為體系結構上的瑕疵，往往被評為故事複雜又混亂，然而這些矛盾之處可說是為其孕育出獨樹一幟的魅力。

此外，將動物當作神也是埃及神話的一大特徵。譬如冥界之神阿努比斯，以胡狼頭人身的形象示人，其他像是糞金龜神凱布利、青蛙女神赫克特等一些令人意想不到的動物也躋身於神明之列，著實令人玩味。這或許正是埃及神話經常被援引至日本的次文化等領域，化身為各種角色人物的原因所在。

本書以淺顯易懂的方式彙整了埃及神祇的特色與故事，並搭配精美的插畫與圖片，讓讀者們能更容易融入埃及神話的世界。

期盼本書能幫助大家一探眾神多姿多采的個性，盡情徜徉於充滿奇幻色彩的古埃及文明裡。

紙結歷史編輯部

第3章 外型奇特的神祇

第4章 太陽與王國守護神

赫利奧波利斯創世神話

埃及創世神話所涉及的都市和地區各不相同。本單元將帶領讀者們初步了解，在日本最具知名度，以太陽神阿圖姆＝拉為主神的赫利奧波利斯神話。

▶P38

1 太陽的誕生

太陽從混沌之海努恩所生成的原始之水（原始土丘）降生。這個太陽一般皆認為是太陽神阿圖姆（抑或太陽神拉）

▶P42

2 兩對兄妹結婚

阿圖姆＝拉所誕下的一對兄妹，大氣之神舒與溼氣女神泰芙努特結為連理。這對夫妻所生下的大地之神蓋布與天空女神努特，亦為兄妹通婚

▶P44

3 天地相擁

蓋布與努特熱情地交纏相擁，形影不離，父親舒對此大為震怒，強行將努特往上抬，逼兩人分開。蓋布不願放開妻子，緊抓著她不放，努特的手腳因而被拉長

▶P44

4 努特懷孕

努特被迫與丈夫分開時，已經懷有身孕。然而，對這對孫子女夫妻檔感到光火的祖父太陽神阿圖姆＝拉，下令禁止努特在12個月中的任何一個月份生產

▶P46

5 托特的妙計

目睹這一連串的經過，對努特感到同情的智慧之神托特，找月亮協商，要到了不屬於太陽神管轄範圍的5個閏日，令努特得以產下孩子

▶P44

6 歐西里斯四兄妹的誕生

努特所生的歐西里斯、伊西絲、賽特、奈芙蒂絲四兄妹，在埃及神話中扮演著舉足輕重的角色

歐西里斯 ▶P50

冥界之王。以綠色身體裹著白布的外型示人

伊西絲 ▶P56

豐收女神，歐西里斯之妻。被認為是賢妻良母的象徵

賽特 ▶P60

沙漠之神。處處與歐西里斯作對

奈芙蒂絲 ▶P64

喪葬女神，賽特之妻

▶P22

歐西里斯神話

講述「歐西里斯的復活」、「伊西絲的奔走」等故事，以歐西里斯與荷魯斯父子為主軸的神話系列

赫爾莫波利斯創世神話

介紹以托特神殿聞名的赫爾莫波利斯創世神話。

▶P142

1 奧格多阿達的存在

從混沌狀態中生成 4 對蛙頭男神與蛇首女神。這 8 位神祇則形成奧格多阿達（八元神）

努恩與納烏涅特
司掌原始之水

胡與哈烏赫特
代表無限（永恆）之意

庫克與卡烏凱特
司掌黑暗

阿蒙與阿瑪烏奈特
代表隱藏之物（看不見）

▶P122

2 太陽的孵化

奧格多阿達因受到某種刺激，而令混沌之海努恩生成土地，並產下 1 顆卵，孵化出太陽（拉）

▶P38

3 神祇出巡

奧格多阿達行遍各地，於底比斯冊封太陽神阿蒙與其妻，在孟菲斯救助造物神普塔，並在赫利奧波利斯營救太陽神阿圖姆

▶P46

4 托特的造物神化

隨著時代推移，托特躋身為主神，位階超越奧格多阿達，成為造物神

埃及的神話系列

埃及各地的神話又可細分成幾種類別。

▶P132

太陽神話

奉太陽神拉為主神，起源為赫利奧波利斯。破壞女神塞赫美特對人類進行大屠殺的故事，也包含在此系列裡

▶P136

孟菲斯神話

普塔為天地萬物的造物神。八元神被認為是構成其身軀的元素，阿圖姆等其他神祇則是由普塔的思想（席亞）和言語（胡）所生成的

▶P66

王室神話

法老被認為是荷魯斯的化身便是根據此系列而來的。歐西里斯神話亦屬此類別

▶P56

洪水神話

與尼羅河水位升高和急流有關的神話。天狼星女神索普德特的故事便是出自此系列

本書閱讀方式

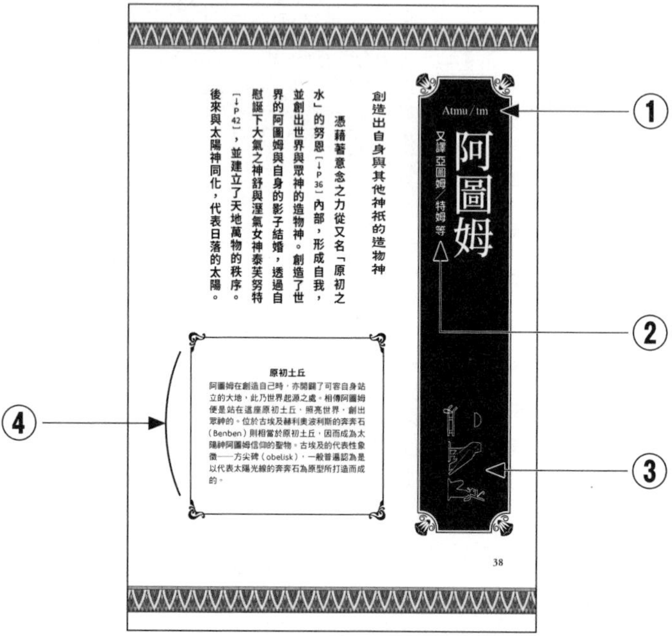

① 英文名稱／古埃及文（字母轉寫）

基本上，神祇的名字會以上圖的方式呈現。第5章所介紹的法老則有部分例外，有些會使用希臘文標記

② 關於①的讀音

無論是英文或希臘文，音譯成中文都會有讀音上的落差，因此這裡所使用的名稱僅為其中一種譯名。此外，古埃及文只記錄子音，母音通常被省略，所以在發音上其實眾說紛紜。本書則遵循已知的規則來進行音譯，不代表等同於原始念法

③ 象形文字

代表該神祇的象形文字。這類象形文字並非始終如一，有時也會出現其他版本

④ 相關事項

解說神獸與神祇化身等相關事項

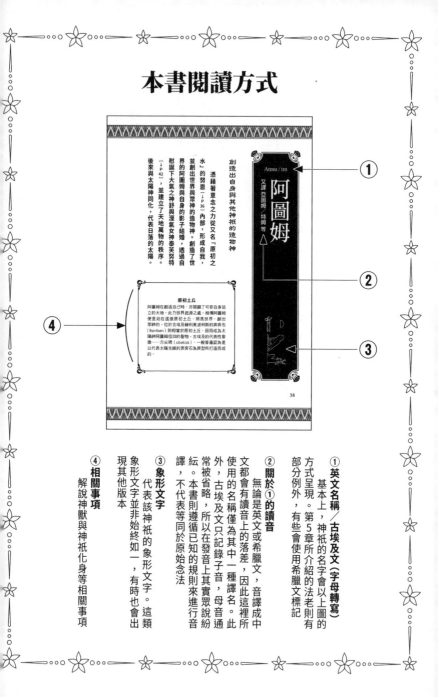

第1章 何謂埃及神話？

以宏偉尼羅河為中心所凝聚而成的異文化共同體

埃及神話的形成

沒有特定創始人物與原著的多神教

聽到埃及這個地名，相信大家應該會立刻想到指標性景點之一的尼羅河吧。埃及的文明與信仰，皆以尼羅河為中心發展開來。尼羅河豐沛的水量令人們能夠從事農業來維持生活。正因為存在著農業這個軸心，民眾才會匯聚至尼羅河沿岸生活，進而帶動文化與信仰的發展。尼羅河豐沛的水量雖然造福萬千民眾，有時卻會氾濫成災，摧毀作物、奪人性命，因而成為令大眾又敬又畏的存在。埃及神話的主要神祇，大多司掌自然現象亦是最具代表性的特徵。

宏偉的尼羅河將埃及分為上下兩區，而尼羅河所帶來的恩澤，吸引了從地中海、非洲以及亞洲等地許許多多的民眾前來。來自各地的人們抵達尼羅河沿岸後，建立起村落並定居下來。古埃及就這樣逐步成形，並分為好幾個群體，形成各自的信仰。各個地區擁有不同的信仰，並融入了來自異域的移居人群所帶來的風俗習慣，因此埃及神話並沒有特定的創始人物。此外，據悉原著不只一部，也是受到這項背景的影響。本書後續亦會介紹幾部原著〔↓P18〕，不過其所記載的內容則因地而異。

不同地域所信仰的神祇，隨著時代變遷與軍事上的理由，曾歷經過幾次的「整合」。輸掉戰役而敗北時，該地神祇就會被獲勝地區的神祇併吞吸收。據悉，埃及神祇之所以擁有諸多名稱、具有多種面貌，就是出自此緣故。

歷經數千年的歲月不斷演變的埃及神祇，實屬多采多姿，而且數量多到令人眼花撩亂，光是有名字傳世的神祇便高達1500位。

將人類所無法企及的動物神奇能力當成神力崇敬

埃及神話的特徵

鳥、青蛙、糞金龜……動物形象的神祇繁多的原因

埃及神祇的容貌可謂包羅萬象，豐富多變。箇中原因之一，不外乎許多神祇被描繪成動物的形態。詳情留待後續介紹眾神的篇章再行說明，在埃及神話中，神祇的外型除了源自貓、牛、胡狼、朱鷺等動物與鳥類外，還含括了眾多物種。舉例來說，包含兩棲類的青蛙或者是昆蟲類的糞金龜等，在其他神話中不常見又出人意表的生物，在埃及皆以神祇的形象示人。

古埃及人認為，動物的能力遠遠超越人類，例如牛的繁殖力或遊隼敏銳的視力與空中飛翔力，因而將之視為神力。因此，在他們的觀念裡，動物即為神的化身，並將某些動物當成「神獸」崇敬。

如同先前所述，古埃及的信仰對象因地而異。因此，人們所信仰的神祇以及與其有所關聯的動物，亦即神獸，也會隨著地區而有所不同；所以會出現在某地被當作神獸敬拜的動物，在其他地方卻被視如仇敵的情況。

每個地區所信奉的動物種類雖不盡相同，不過崇拜動物的這項行為本身則普及至埃及全土。一般認為，崇拜動物的習俗原本僅流傳於庶民之間，但在法老神格化後，代表其化身或被視為其使者的動物，開始廣受尊崇。過去曾在考古挖掘調查的出土物中，發現貓木乃伊。該具木乃伊被布條嚴密地包裹著，可知是經由人手仔細處理過的。貓是貓女神芭絲泰特〔→P86〕的神獸，而神獸往往能獲得厚葬禮遇。

然而，古埃及人有時卻會因為這個崇敬動物的習俗而反遭利用。西元前五世紀，據傳攻入埃及的波斯軍隊將貓綁在盾牌上作戰。將貓視為神獸尊崇的埃及軍隊因而無法出手制敵，最終吞下敗仗。

各地存在著不同版本的創世神話

四大創世神話

因地而異的創世神話各自流傳

一般普遍認為古埃及人學識淵博，具有豐富的想像力，而且寬宏大量。他們不會廢除戰敗地區所信奉的神，反而會想辦法將其特性與其他神祇合併，或將之視為其他神祇的孩子。因此，埃及神話亦非集中整合成一部，而是在沒有硬性規定的狀態下自由拓展。各地不同版本的創世神話就這樣流傳下來。

不過，在這些神話中也存在著共通的情節。那就是世界是從一片虛無的「混沌」中生成的開場部分。此混沌狀態本身，以及混沌的神格化則被稱為努恩〔→P36〕。混沌誕下第一位神祇，接著逐步創造出世界，是各版本神話展開故事的固定橋段。接下來就來看看四大主要創世神話在內容大綱上有何不同。

四大創世神話所講述的內容

流傳於下埃及地區被喻為聖地的赫利奧波利斯（Heliopolis）的創世神話，在眾多創世神話中被公認為主流版本之一。尚未擁有具體形態的太陽神阿圖姆〔↓P38〕（與太陽神拉〔↓P122〕）已存在於混沌之海努恩體內。阿圖姆根據自身的意念，透過努恩降生於世，接著創造了原初土丘以供自身站立。阿圖姆接著誕下了大氣之神舒與溼氣女神泰芙努特〔↓P42〕，兩人成為了世上第一對夫妻。舒與泰芙努特生下大地之神蓋布與天空女神努特〔↓P44〕，這兩位亦結為連理。蓋布與努特纏綿繾綣，難分難捨，對此感到光火的舒遂將蓋布與努特往地面和天上拉開。此時努特已身懷六甲，但被禁止在一年中的任何月份生產。憐憫努特遭遇的智慧之神托特〔↓P46〕找月亮討救兵，創出了不屬於一年中任何月份的5個閏日。得以在閏日分娩的努特，總算順利生下以冥界之王歐西里斯〔↓P50〕為首的赫利奧波利斯諸神。

另一方面，流傳於上埃及的赫爾莫波利斯（Hermopolis）創世神話，則是從努恩生下4名青蛙男神與4名蛇女神開場。此八神創造了原初土丘，並在這裡產下1顆卵。太陽神拉從這顆卵中誕生，為世界帶來光明。赫爾莫波利斯與赫利奧波利斯神話的最大差異，便在於拉的誕生經過。然而，赫爾莫波利斯其實存在著幾種不同的說法。有一說主張，拉是從蓮葉而非自卵中誕生，而這朵蓮花則是拉的孩子奈菲爾圖姆〔↓P138〕。有別於此，還有一說認為從卵中誕生的是托特。

上下埃及統一後，在成為首都的孟菲斯最廣為流傳的，則是以造物神普塔〔↓P136〕為中心的創世神話。孟菲斯版本沿襲了赫利奧波利斯創世神話的情節發展，不過所有的神都是根據普塔之意而誕生的。

源自上埃及都市底比斯的創世神話，則以太陽神阿蒙〔↓P142〕為主神。阿蒙與拉融合（被認為彼此等同），並被加入了其他與造物相關的諸神特性。此版本的創世神話在知名度上雖遜於其他，但在底比斯地區會進行許多儀式，來表達對阿蒙神的尊崇。

四大創世神話比較表

神話名	信仰中心地（古地名）	主神	特徵
赫利奧波利斯神話	優努（Iunu）又名昂（On）（開羅近郊）	太陽神阿圖姆 ▶ P38	從混沌之海努恩誕生的造物神阿圖姆（後與太陽神拉融合）為主神。阿圖姆的孫子女——大地之神蓋布與天空女神努特兄妹通婚，小倆口如膠似漆，難分難捨，阿圖姆之子——亦即兩人的父親——大氣之神舒棒打鴛鴦，這才形成萬物得以存活的空間。
赫爾莫波利斯神話	克努姆（Khemenu）（現稱阿什穆寧 El- Ashmunein）	智慧之神托特 ▶ P46	代表「原始之水」、「無限」、「黑暗」、「隱藏之物」（抑或否定、不在）之意的4位男神與4位女神，成雙成對所構成的「奧格多阿達（八元神）」。男神外型為青蛙，女神則是蛇。拉是從八元神所產下的卵孵化而成的。托特為八元神之主，定位為造物神。
孟菲斯神話	孟菲斯（現稱梅特拉希納 Mit Rahina）	造物神普塔 ▶ P136	普塔為創造萬物之造物神。赫爾莫波利斯的原始諸神，八元神則是構成普塔身軀的元素。普塔透過思想（席亞）和言語（胡），而能創造世間萬物。其他像是正義女神瑪亞特［→P162］等抽象概念的化身，也各自獨立封神。
底比斯神話	瓦塞特（Waset）（現稱盧克索，Luxor）	戰神蒙圖 ▶ P140 太陽神阿蒙 ▶ P142	屬於年代比較新的神話。蒙圖因為第十一王朝，出身底比斯的法老而受封為帝國主神，統領底比斯九柱神。之後亦被奉為第十二王朝的帝國主神，並與八元神之一的阿蒙融合。接著更與太陽神拉融合、與孟菲斯神話的普塔同化，逐漸成為全能之神。

在日本最廣為人知的埃及神話

歐西里斯神話大綱

描寫神之死與復仇的另類神話

歐西里斯神話在為數眾多的埃及神話中，是值得特別著墨的存在。故事內容則是先前所介紹的赫利奧波利斯創世神話的後續發展。

此神話的中心人物為冥界之王歐西里斯〔↓P50〕、妹妹兼妻子的豐收女神伊西絲〔↓P56〕，以及弟弟沙漠之神賽特〔↓P60〕。亦為農耕之神的歐西里斯，學富五車，個性敦厚；不喜無謂的戰事，崇尚透過對話協商，致力將農業與律法推廣至民間。成為埃及君王的歐西里斯受到許多民眾的愛戴，賽特對此感到相當不是滋味，妒火熊熊燃燒。賽特雖為歐西里斯胞弟，個性卻與哥哥南轅北轍，喜歡訴諸暴力又暴躁易怒。在歐西里斯的統治下，無法引發他所熱愛的爭鬥，而且，只有歐西里斯獨得人民的喜愛也令他覺得不服氣。賽特的嫉妒逐漸轉變為憎惡，最終殺害歐西里斯，並將其遺體棄置於尼羅河。得知丈夫死訊的伊西絲，為了讓歐西里斯復活而到處奔走。

伊西絲的磨難與荷魯斯的奮戰

裝著歐西里斯遺體的棺木經由尼羅河進入地中海，流抵畢波羅士（Byblos，黎巴嫩）。畢波羅士王下令將棺木運至王宮。追尋歐西里斯下落而來到畢波羅士的伊西絲，無法堂而皇之地進入他國的王宮內。伊西絲因而設法接近畢波羅士王后，獲得其信賴後成為王子的乳母。她在此努力工作了一段時日後，終於有機會向畢波羅士王訴說事情始末，繼而順利領回棺木。

回到埃及的伊西絲準備為歐西里斯舉行復活儀式。孰料，被藏匿起來的歐西里斯卻被賽特找到。賽特將歐西里斯分屍，並將屍塊棄置於埃及各地。伊西絲再度四處奔走，前往各地拾回歐西里斯的屍塊。最後，伊西絲終於成功令深愛的丈夫復活。復活後的歐西里斯與伊西絲生下兒子荷魯斯〔→P66〕，並決心成為冥界之王，從此離開陽間。

賽特亦對伊西絲感到憎恨，伊西絲只得躲藏起來養育荷魯斯。長大後的荷魯斯為了替父親報仇，也為了繼承父親王位成為正統君王，遂向賽特宣戰。荷魯斯與賽特之間的紛爭，將太陽神拉〔↓P122〕等一眾神祇牽連進來，演變成爾虞我詐的混戰。由於這對叔姪之間的衝突沒完沒了，歐西里斯終於現身，宣告「所有生命終將死去，接受審判。全員須聽從身為裁決者的我所提出的意見」。歐西里斯主張應由荷魯斯來統治埃及。有鑑於荷魯斯在這場衝突中佔上風，再加上除了拉以外的神祇都不喜歡賽特，荷魯斯因而得以順利統治埃及。

此神話具有相當大的意義。描述冥王之死與復活的歐西里斯神話，令古埃及人們形成根深蒂固的獨特生死觀。此外，地位相當於神的法老也難免一死，但會有下一位法老接班來延續其命脈的這項事實，對於消除人民的疑惑來說也起了一定的作用。順帶一提，這部神話是透過希臘哲學家普魯塔克（Plutarch）而流傳於世。

歐西里斯神話大綱

▶P50

1 歐西里斯統一埃及

大地之神蓋布與天空女神努特生下四兄妹，長兄歐西里斯迎娶妹妹伊西絲，並統一埃及全土

▶P80

奈芙蒂絲搞不倫？

根據某個流傳下來的版本，歐西里斯么妹奈芙蒂絲與二哥賽特結婚，卻與歐西里斯暗通款曲，並生下阿努比斯

▶P60

2 賽特殺害歐西里斯

弟弟賽特因嫉妒哥哥歐西里斯，透過誘騙將其殺害，並將棺木丟進尼羅河裡。棺木則流抵畢波羅士海岸

▶P56

3 伊西絲尋夫

得知丈夫歐西里斯死訊的伊西絲，在妹妹奈芙蒂絲的協助下總算找到遺體，將之藏於凱姆尼斯（Khemnis）的沼澤裡

▶P50

4 死無全屍

賽特找出了歐西里斯的藏身處，將遺體肢解成 14 到 16 塊

▶P66

5 歐西里斯復活

伊西絲尋回丈夫四散的屍塊，並委託外甥阿努比斯將其製成木乃伊。以木乃伊之姿復活的歐西里斯與伊西絲生下荷魯斯

▶P66

6 荷魯斯即位

長大後的荷魯斯與殺父仇敵賽特勢不兩立。雙方激烈交鋒但遲遲分不出勝負，荷魯斯因而訴諸神界法庭，盼能取得身為歐西里斯繼承人的正統性。在眾神許可下登上王位的荷魯斯，化身為法老，統治埃及全土

▶P46

托特的誕生

有一說主張賽特喜食萵苣，當他與荷魯斯兩人爭鬥時，於不知情的情況下吞下了混有荷魯斯精液的萵苣，因而懷孕。相傳從他的額頭生出了托特

何謂古埃及人的生死觀？

人的靈魂與死後審判

構成人的五大要素

古埃及人認為，人是由「卡」、「巴」、「仁」、「舒特」、「伊比」五大要素所構成的。卡（Ka）指的是人本身的生命力，就好比靈魂那般。巴（Ba）指的是人的個性、性格。仁（Ren）為出生時所被賦予的名字。舒特（Shuyet）代表影子，定義近似潛藏於人內心的暗影，而非專指映照在地面上的影子。伊比（Ib）則代表心臟，被認為是死後欲復活獲得永生，絕不可丟失的關鍵之物。據信，古埃及人之所以將屍體製成木乃伊保存，便是出於保護心臟的理由。

當亡者的卡與巴能相輔相成，達到終極的全靈「阿赫（Akh）」境界時，人便能獲得永生，進入樂園生活。因此，為亡者送終的人們會悉心打理墳墓、舉行儀式以求亡者能成為全靈。然而，並非任何人都能永遠待在樂園生活。在這之前，必須通過由諸神把關的「死後審判」。

死後審判與理想樂園

所有人死後都會被帶往「2座真理廳」接受審判。這裡有負責執行審判的42神與擔任審判長的冥界之王歐西里斯〔↓P50〕坐鎮。亡者會在這裡針對自己生前的行為進行「否定告解」。也就是在眾神面前堂堂正正地主張自己沒有犯罪。通過這一關之後，接下來就會在擔任審判書記官的智慧之神托特〔↓P46〕的見證下，展開審判。審判時會使用天秤，一端放著伊比（心臟），另一端則放上來自真理女神瑪亞特〔↓P162〕被稱為「真實之羽」的羽毛。接著會由冥神阿努比斯〔↓P80〕來確認天秤的情況。若死者果真清白無罪，伊比便會與真理的重量相等；若死者為有罪之人時，天秤就會傾向心臟那一方。當天秤並非平衡狀態時，心臟就會被怪獸阿米特〔↓P110〕吞噬，亡者不僅無法前往樂園，甚至無法再度投胎。

通過審判的亡者，便能獲准進入理想樂園「雅盧（Aaru）平原」。埃及人們認為，尼羅河沿岸地帶即為人間樂園，因此亡者所抵達的雅盧平原也會肖似人間樂園。但是生活在雅盧平原並不會生病或發生河川氾濫的情況。亡者在雅盧平原有履行農耕等工作的義務，不過被用來陪葬的巫沙布提俑（ushabti、shabti或shawabti）會代替亡者完成所有的勞動。考古學家們在埃及墓地挖掘出大量的巫沙布提俑，由此可推測，當時的人們相信亡者將會獲准進入樂園，因而將此俑一同埋葬，以祈求亡者能免於勞動，好好享清福。相傳，由於巫沙布提俑包辦了所有的工作，雅盧平原的亡者得以隨心所欲地遊走四方、品嘗陽間民眾所供奉的食物，過著安穩的生活。人們為了能在死後進入這座理想樂園，在世時會自我警惕，避免犯罪，敬天畏神地過日子。

死後審判的流程

呈上真實之羽的兩位女神

真實之羽為真理女神瑪亞特的羽毛，用來評判亡者證明自身清白「未曾做過某壞事」的「否定告解」是否屬實

向歐西里斯行禮

亡者對冥界之王歐西里斯行禮。接著在 42 神的陪審下，進行「否定告解」，眾神則會審議所言內容是否屬實

▶P50

心臟秤量

進行審議之際，亡者的心臟與瑪亞特的真實之羽（抑或瑪亞特本身）會在冥神阿努比斯的監視下被放上天秤。若天秤有些許不平衡，心臟就會被在旁候著的怪獸阿米特吞噬，形同「二度死亡」

▶P80

▶P110

托特所做的筆錄

審判結果會由書記守護神托特記載於莎草紙（Papyrus，古埃及所使用的紙張）

▶P46

法老與諸神信仰

每當改朝換代時，埃及的信仰就會跟著大洗牌

被當作神祇信奉的法老

身為埃及君王的法老所擁有的稱謂多達5個。這5個稱謂分別是「荷魯斯名」、「雙女神名」、「金荷魯斯名」、「上下埃及王名」、「拉之子名」。有些名字至今尚未釐清其所代表的意義，據悉基本上都是用來彰顯法老與各個神祇的連結。由於埃及所信仰的神祇因地而異，法老為了統治國家，必須利用多數人的信仰皆集中於主要神祇這一點，將自身比擬為神，促使民眾崇敬。每當來自不同地區的法老登基時，就會換掉在上一任內代表法老或王朝的神祇。此外，一般普遍認為法老會透過將不同神祇融合的手法，例如阿蒙＝拉等，來凝聚人民的信仰。

統一上下埃及，被認為是創立第一王朝的第一位法老那爾邁〔↓P172〕，不

但將自己比擬為出身地的化身，並主張自己是埃及人篤信的天空之神荷魯斯〔↓P66〕。然而，在第四王朝期（約為西元前二六一三年～前二四九八年），法老開始自稱為太陽神拉〔↓P122〕之子，法老等於神的觀念因而式微，於是祭司的地位反倒獲得提升。

在第六王朝期（約為西元前二三四五年～前二一八一年），貴族與祭司的權力變得更加強大，中央集權體制瓦解。歷經一番爭權奪利後，法老終於在第十一王朝期（約為西元前二〇六〇年～前一九九一年）一統埃及。由於第十一王朝信奉戰神曼圖（蒙圖）〔↓P140〕，法老因而自稱為曼圖霍特普（Mentuhotep），意即「滿足了曼圖之人」。

最古老的宗教改革與人造之神的誕生

西元前一七〇〇年左右，埃及陷入了被異族希克索人（Hyksos）攻佔的危機。希克索人抵達埃及首都後接著建立王朝。然而，上埃及與下埃及同時又有其他王朝存在，王朝之間頻頻交火，征戰不斷。最終由戰勝希克索人的底比斯軍再次建立統一王朝。於是，在底比斯廣受信仰的太陽神阿蒙〔→P142〕便成為與王朝結合的主神。

約莫於西元前一三六〇年，阿蒙霍特普四世〔→P190〕發起了大規模的宗教改革。他信奉太陽神阿頓〔→P166〕，與阿蒙神祭司形成對立。阿蒙霍特普四世將自身的名字改為阿肯那頓（Akhenaten，意即對阿頓有益之人）。不但如此，他還建造了阿赫塔頓（Aketaten）作為新都，並從底比斯遷都。阿肯那頓為了不讓祭司掌權，意欲以自身所認定的唯一真神阿頓來進行統一，禁止人民崇拜其他神祇。然而，這項改革不得民心，在阿肯那頓過世後，兒子圖坦卡蒙〔→P192〕繼位成為法老，徹底廢除了這項規定。

西元前三四三年，埃及遭到波斯軍佔領。出身希臘的亞歷山大〔→P200〕因擊退波斯軍而獲得埃及民眾的愛戴，繼而當上法老。後來托勒密一世〔→P204〕則策畫統合兩國的宗教。他創造了名為塞拉皮斯（Serapis）的神祇，塞拉皮斯有著希臘人的外表，並融合了冥王歐西里斯〔→P50〕與造物神普塔〔→P136〕之化身阿匹斯（Apis）的特性。由此可見，埃及王朝與信仰可謂無法切割。

歷代王朝與信仰一覽表

時代區分	王朝（上埃及）	王朝（下埃及）	首都（上埃及）	首都（下埃及）	信仰
前王朝	零王朝				
早王朝	第一王朝		孟菲斯		荷魯斯 ▶P66
早王朝	第二王朝		孟菲斯		荷魯斯 ▶P66
古王國	第三王朝		孟菲斯		
古王國	第四王朝		孟菲斯		拉 ▶P122
古王國	第五王朝		孟菲斯		拉 ▶P122
古王國	第六王朝		孟菲斯		拉 ▶P122
第一中間期	第七、八、九王朝				
第一中間期		第十王朝	赫拉克來俄波利斯		
中王國	第十一王朝		底比斯		蒙圖 ▶P140
中王國	第十二王朝		伊特塔威		阿蒙▶P142
第二中間期	第十三、十四王朝				索貝克▶P152
第二中間期	第十七王朝	第十五、十六王朝	底比斯	阿瓦里斯	
新王國	第十八王朝		底比斯		
	第十八王朝		阿瑪納		阿頓▶P166
	第十八王朝		孟菲斯		
	第十九王朝		培爾-拉美西斯		
	第二十王朝		培爾-拉美西斯		
第三中間期	第二十一王朝		塔尼斯		
第三中間期	第二十二、二十三、二十四王朝				
末期王朝	第二十五王朝		底比斯		阿蒙 ▶P142
末期王朝	第二十六王朝		賽易斯		阿蒙 ▶P142
末期王朝	第二十七王朝		以賽易斯地區為中心的三角洲地帶		阿蒙 ▶P142
末期王朝	第二十八王朝		以賽易斯地區為中心的三角洲地帶		
末期王朝	第二十九王朝		以賽易斯地區為中心的三角洲地帶		
末期王朝	第三十王朝		以賽易斯地區為中心的三角洲地帶		
末期王朝	第三十一王朝		以賽易斯地區為中心的三角洲地帶		
托勒密時代	馬其頓王國		亞歷山大港		塞拉皮斯
托勒密時代	托勒密王朝		亞歷山大港		塞拉皮斯

早王朝時代的法老自稱為荷魯斯的化身，以彰顯自身的絕對權力。反映出這個觀念的產物即為「荷魯斯名」

第四王朝的拉傑德夫自稱為「拉之子」。法老等於神的化身的觀念自此瓦解

因第十一王朝出身底比斯的法老而為人所信奉。後與阿蒙融合，形成「蒙圖＝阿蒙」的狀態

因第十二王朝的阿蒙涅姆赫特一世而成為守護神，後與拉融合

主要為法尤姆地區所信奉的神祇。在第十三、十四、十七王朝，也有法老於登基名中加上索貝克名號，由此可見其重要性

因第十八王朝阿蒙霍特普四世的宗教改革，成為王朝的唯一真神。後來被汰換

因阿蒙霍特普四世之子圖坦卡蒙的政策，而恢復王國守護神的地位

▶P192

融合冥界之王歐西里斯與聖牛阿匹斯特性的神祇。由托勒密一世所創

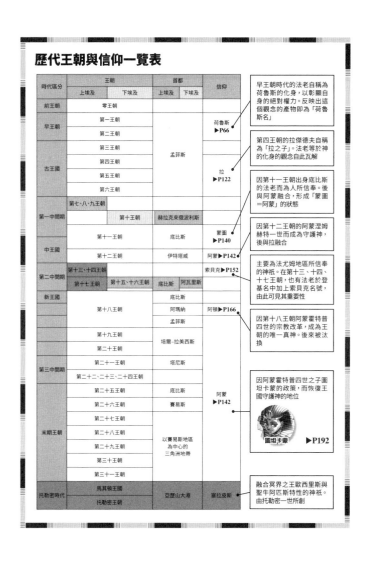

古埃及的象形文字，兼具表意與表音的功能。有些字能代換成拉丁字母，而能轉譯成日文。

相應的拉丁字母

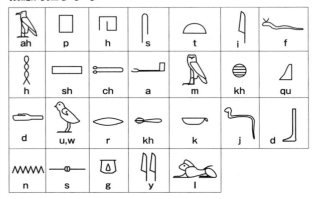

ah	p	h	s	t	i	f
h	sh	ch	a	m	kh	qu
d	u,w	r	kh	k	j	d
n	s	g	y	l		

日文50音

A 行	KA 行	SA 行	TA 行	NA 行	HA 行
a	k	s	t	n	h
i		sh	ch		f
u					
e	GA 行	ZA 行	DA 行		BA 行
	g	z	d		b
o		j			
MA 行	YA 行	RA 行	WA 行		PA 行
m	y	r	w		p

第2章 歐西里斯神話諸神

努恩

Nun / nwwn

成為所有神祇降生根源的原初之水

怒恩又稱「原初之水」，是孕育出古埃及所有神祇與世界的神。埃及雖然存在著好幾部創世神話，但努恩於各式各樣的創世神話裡都有出現。大多數的故事皆提到，努恩內含了尚未誕生之世界的所有一切，是一塊巨大又沉滯的水域。努恩漂浮在虛無、沒有任何動態之物的黑暗中；而尚未成形的生命與物質只是靜靜地存活在努恩的內部當中。

根據被認為是最古老創世神話之一的「赫利奧波利斯神話」所述，從努恩內部形成自我，帶來太陽，賦予世界光明的是名為阿圖姆〔→P36〕的神祇。而他則透過意念之力創造了自身。

身為萬物根源，亦被喻為眾神之「父」的努恩，地位似乎比兒子阿圖姆來得低。對比以意念之力形成自我，創造世界的阿圖姆，未生成任何事物，只是以原初之水的狀態存在的努恩，被認為是能力相形遜色的神。

努恩的樣貌極少被提及，在描述太陽神誕生等片段時，則以蓄鬍男性，抑或蛙頭男身的形象示人。頭上有2根羽毛則是代表努恩之名的象形文字。

努恩的重要任務之一，就是抬起航行宇宙的太陽船。從原初之海抬起甫誕生的太陽所搭乘的船隻，將之運往地平線。而這則代表日復一日的日出循環。

此外，據傳與來世無緣的死產胎兒以及罪人的靈魂，會被送往努恩之處。努恩以深淵之姿永存於阿圖姆所創造的世界外圍，因而成為亡者靈魂的歸處。亦被認為是尼羅河河水的努恩，既能透過太陽也能透過亡者獲得活力，不斷再生。

Atmu／tm

阿圖姆

又譯 亞圖姆／特姆 等

創造出自身與其他神祇的造物神

憑藉著意念之力從又名「原初之水」的努恩〔↓P36〕內部，形成自我，並創出世界與眾神的造物神。創造了世界的阿圖姆與自身的影子結婚，透過自慰誕下大氣之神舒與溼氣女神泰芙努特〔↓P42〕，並建立了天地萬物的秩序。後來與太陽神同化，代表日落的太陽。

原初土丘

阿圖姆在創造自己時，亦開闢了可容自身站立的大地，此乃世界起源之處。相傳阿圖姆便是站在這座原初土丘，照亮世界，創出眾神的。位於古埃及赫利奧波利斯的奔奔石（Benben）則相當於原初土丘，因而成為太陽神阿圖姆信仰的聖物。古埃及的代表性象徵——方尖碑（obelisk），一般普遍認為是以代表太陽光線的奔奔石為原型所打造而成的。

最初之神出人意表的造物方式

根據最古老創世神話之一的「赫利奧波利斯神話」記載，在最為遠古的時代，世界一片黑暗，只有別名「原初之水」的努恩一神存在。憑著意念之力從努恩之中降生，並創出其他神祇的造物神則為阿圖姆。

阿圖姆從努恩的混沌之水中造出形體，橫空出世，但世上除了努恩之外，再無其他，亦不存在著能立身之處。阿圖姆因而創造「原初土丘」，並在此產出眾神。

阿圖姆雖打算繁衍子孫，但世上只有他獨自一人，沒有能夠共創新生命的對象。於是，阿圖姆採用雙手萬能這一招——也就是透過手淫來生出自己的孩子。此外，另一說則主張，阿圖姆是透過打噴嚏或吐口水的方式，誕下大氣之神舒與溼氣女神泰芙努特。

以現代人的角度來看或許會覺得這段情節很荒謬，不過阿圖姆被認為是雌雄同體，無須借助他力便能創造事物，這可謂是阿圖姆身為造物神，擁有強大力量的展現。

兼具造物神與毀滅神的特性

阿圖姆一語代表「萬物創造者」、「透過自身完成」之意。他具有正反兩面的個性，相對於創造萬物的正面性格，亦存在「終結萬物」的反面性格。相傳阿圖姆自原初之水誕生時呈現蛇形。《死者之書》則提到，在世界終結之際，阿圖姆將摧毀自身所創的一切事物，變回原初之蛇的模樣。

蛇是古埃及人認為最接近原初生命的生物之一，因其蛻皮等生理現象而被視為重生的象徵。因此，毀滅一切的阿圖姆再度回到「原初之水」努恩之處時，終將化為蛇形。

此外，除去黑暗為世界帶來光明的阿圖姆亦與太陽信仰結合，並與太陽神同化，形成凱布利＝拉＝阿圖姆的狀態。糞金龜神凱布利〔→P128〕代表日出充滿活力的太陽，拉〔→P122〕代表位於天頂統領世界的太陽，阿圖姆則代表日落了無生氣的太陽。

舒 šw
泰芙努特 tfnwt

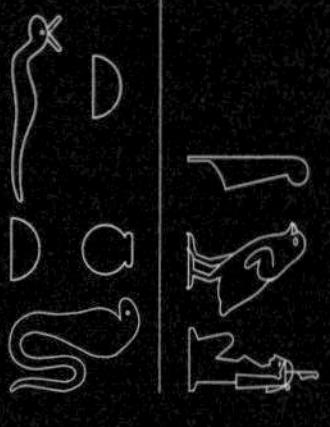

象徵世界的空氣，同心同德的神仙夫妻

在「赫利奧波利斯神話」中，太陽神阿圖姆〔→P38〕造出了擁有性別的首批神祇。阿圖姆所吐出的唾液或打出的噴嚏，成為舒與泰芙努特（有一說則主張是由其精液所生成的）。這對兄妹亦為世界最初的神仙夫妻。

舒掌管人類生存所不可或缺的空氣與陽光，為生命帶來活力。除了司掌風與雲這些危險度較低的天氣現象外，連聽覺與思考能力也在他的掌管之下。或許當時的古埃及人已隱約理解到空氣與聲音傳播的關聯性。

舒所負責的職務繁多，其中最重要的是，支撐天空以維持太陽的通道。舒與泰芙努特的一對兒女——太陽神蓋布與天空女神努特〔→P44〕愛得難分難捨，終日纏綿，塞住了太陽與眾神（一說為大氣）的通道。舒強行將女兒努特往上抬起，確保了太陽的通道，並形成人類能夠生活的空間。

另一方面，舒的妹妹兼妻子泰芙努特，則掌管溼氣與霧氣等水氣以及太陽的熱氣。外型通常被描繪為母獅頭人身，她從旁協助丈夫將天空往上抬，夫妻同心同德，為了世界的安定盡忠職守。

然而，在她嫁給舒之前，曾因為離家出走而引發騷動。彼時在宮殿裡感到百無聊賴的泰芙努特，瞞著父親（這裡是指太陽神拉〔↓P122〕），翹家跑到努比亞（Nubian）沙漠。她化為一頭凶猛的母獅，隨心所欲地到處奔跑。束手無策的父親只得拜託賢能的兒子舒，以及智慧之神托特〔↓P46〕，好不容易才成功將人帶回來。泰芙努特逃往努比亞時，也拿走了太陽神拉的神力。相傳也因為這樣，女神返家遂成為與夏至一同到來的洪水之象徵。

蓋布 gb
努特 nwt

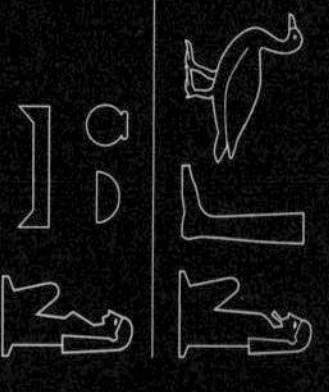

被迫分隔成天與地，如膠似漆的神仙眷侶

成為世上第一對神仙夫妻的舒與泰芙努特〔→P42〕，誕下了兒子蓋布和女兒努特。蓋布為大地之神，努特則是天空女神。

兩人與父母一樣皆為兄妹通婚，卻愛得死去活來。他們緊緊交纏不願分開，堵住了太陽與眾神（一說為大氣）的通道。父親舒把女兒努特往上高舉，強行將熱烈相擁的小倆口拆散。有一說則稱舒是出於強烈的嫉妒才棒打鴛鴦。於是，天與地之間總算形成了空間，確保了太陽的通道與人們誕生的處所。

在壁畫等創作中可見到，手腳延展至地面的天空女神努特，拱立於橫躺著的大地之神蓋布上方，高舉雙手抬起努特的舒則介於兩人之間。

被迫與愛妻分離的蓋布，通常被描繪成神情哀愁仰躺在地的模樣。古代宗教較常出現地母神，亦即「大地之母」，但埃及卻是由男性擔綱，頗令人玩味。蓋布亦具有狂暴的另一面，人們相信帶來災厄的地震是由「蓋布之笑」引起的。

另一方面，努特則被描繪成被繁星包覆的裸體形象，抑或身穿布滿點點繁星的衣裳。相傳她每天會將傍晚下沉的太陽吞下肚，等到早上再生出太陽。因此，努特又被稱為「太陽之母」。散布於努特身體的繁星們也同樣是她的孩子，吞下星星再將之生出來的做法，也令她被比喻為會吃掉自身孩子的母豬。

努特在與蓋布分開前便已有孕在身，但祖父阿圖姆〔↓P38〕仍在氣頭上，施咒令其無法在一年中的任何一個月份生產。對此感到不忍的智慧之神托特〔↓P46〕，找上月亮幫忙，獲得5個閏日，努特才得以生下歐西里斯〔↓P50〕、伊西絲〔↓P56〕、賽特〔↓P60〕、泰芙蒂絲〔↓P64〕。有一說則主張第2個孩子是遊隼神哈洛里斯（Haroeris，大荷魯斯），一共是五兄妹。

托特

Thoth / dḥwty

又譯 透特、圖特／傑胡堤等

創立文字與秩序的智慧之神

相傳創建了宇宙法則的智慧之神托特，被認為統轄所有的學問，而深獲民眾篤信。托特構思出令宇宙順暢運作的機制，並創造了象形文字來記錄宇宙的變化。他所掌管的項目繁多，諸如智慧、紀錄、時間、律法、秩序、所有需要經過計算的事物……等等，托特信仰也因此遍及埃及全土。

最古老的棋盤遊戲「賽尼特（Senet）」

賽尼特是從法老陵墓出土的棋盤遊戲。據說是世界上最古老的桌遊。遊戲盤上劃有方格，用來放置棋子。賽尼特不單只是一種娛樂，人們認為完成遊戲便能獲得太陽神拉［→P122］和托特的祝福。此外，它還反映出埃及人的生死觀。與死者一起埋葬、作為前往樂園導覽手冊的《死者之書》中，也描繪了亡者與神一起下賽尼特棋的場景。

透過世界最初的計算，令宇宙正常運轉

智慧之神托特一般被描繪為朱鷺頭人身，又或者是狒狒模樣。雖然其在埃及當地的形象以朱鷺頭人身為主，但在現代日本電玩遊戲《真・女神轉生》系列中的托特（在遊戲中為魔神圖特），則被畫成一隻手捧著書的狒狒，托特的狒狒形象也因此廣為人知。

在赫爾莫波利斯的創世神話中，托特並非由特定神祇所創造，而是一位自石頭或卵誕生的造物神。然而，關於托特的誕生也存在著其他說法，有些神話則將其視為太陽神拉的兒子。

托特在神話中肩負了各式各樣的角色，種類多到難以三言兩語交代清楚。他進行了被喻為世界最初的「計算」，創造了宇宙運轉機制、物質定律和科學。此外，托特認為所有的變化都應該被記錄下來，因此發明了文字。他還制定了人類與諸神的道德觀，以瑪亞特〔↓P162〕具體呈現律法與秩序，建立社會制度。

在赫利奧波利斯的創世神話中，身懷六甲的努特〔↓P44〕被禁止在一年12個

月中的任何一天分娩，托特於是為她造出了不屬於任何月份的閏日。因此，他也被視為掌管月亮的曆法之神。

集君王、民眾、眾神的尊敬於一身

在學識、天文、數字方面造詣深厚的托特，據悉與法術和占卜也有很深的關聯。豐收女神伊西絲〔↓P56〕也被稱為偉大的魔法師，而她的這身本領相傳大多是由托特所傳授的。托特本身也會使用法術。據神話描述，托特與拉的敵對者對戰時，並未使用武器，而是以法術應戰。此外，他還曾為受到沙漠之神賽特〔↓P60〕所傷的荷魯斯〔↓P66〕進行治療，也是一名以醫術見長的神祇。

積極創造、聰慧多才，完成好幾項重大發明的托特，廣為民眾信奉。歷代法老們皆將托特視為主神的輔佐神而加以敬拜。此外，在埃及好幾個地方皆存在著埋有朱鷺和狒狒的墳墓，由此可知，托特信仰不僅限於王族，連民間也相當普及。

歐西里斯

Osiris／wsir／iw.s-ir.s

又譯 烏西里斯／俄西里斯等

以木乃伊之姿復活的冥界之王

歐西里斯為古埃及諸神中最重要的神祇之一，負責治理冥界。早期的歐西里斯為豐收之神，在埃及廣施德政，卻慘遭覬覦王位的胞弟賽特［↓P60］殺害。後來透過妹妹兼妻子伊西絲［↓P56］鍥而不捨的努力與強大咒術而復活。歐西里斯與伊西絲誕下兒子荷魯斯［↓P66］後，便不再回到陽間，轉入冥界成為冥王。

歐西里斯復活戲劇

歐西里斯在三角洲地帶的布西里斯（Busiris）及上埃及的阿拜多斯（Abydos）廣受信仰，兩地亦成為其代表性聖地。尤其是位於阿拜多斯的歐西里斯神殿，因留存著祭祀用的墓碑，直至今日朝聖者仍絡繹不絕。歐西里斯神殿每年會舉辦一次大祭，上演「歐西里斯復活戲劇」，參拜者也能參與，客串演出。

廣施德政造福埃及的穀物神

冥界之王歐西里斯是埃及神話中最重要的神祇之一。他亦是掌管作物豐收的穀物神，性格敦厚，是眾所公認的仁君。歐西里斯在老百姓與王公貴族之間皆廣受信仰。

父母為大地之神蓋布與天空女神努特〔↓P44〕的歐西里斯，與豐收女神伊西絲、沙漠之神賽特、喪葬之神奈芙蒂絲〔↓P64〕為手足。身為長子的歐西里斯接續父親，成為統治凡間的君王。亦身為穀物神的歐西里斯，教導埃及民眾穀物與葡萄等作物的栽種方法。不僅如此，他還制定禁止食人的法令。相傳歐西里斯行遍全國各地，促進社會祥和，為人民帶來文明的生活。在其治理下的埃及安穩和平，民眾也十分敬愛這位身兼穀物神的一代明君。

然而，卻有人對這一切感到眼紅。此人即為歐西里斯的親弟弟——破壞之神賽特。賽特偷偷為歐西里斯量身訂做了一具棺木，並在宴席上宣稱「誰符合這具棺木的尺寸，我就送給誰」。當歐西里斯入棺試躺時，賽特立即蓋起棺蓋，將整具棺木丟往尼羅河。

死無全屍依然絕地復活，從此君臨冥界

歐西里斯的妹妹兼妻子伊西絲傷心欲絕，四處跋涉尋找這具棺木。她在千里之遙的畢波羅士（位於地中海沿岸的貿易港）好不容易找到棺材，但賽特卻趁虛而入劫走歐西里斯的遺體，將其分屍後扔在埃及各地。

無法放棄心愛丈夫的伊西絲，再度費盡千辛萬苦，成功尋回丈夫全身上下的屍塊。她在妹妹奈芙蒂絲與養子阿努比斯〔→P80〕的協助下，將歐西里斯的遺體拼湊起來，接著透過自身的羽毛傳送真氣，令歐西里斯復活。伊西絲這份鍥而不捨已堪稱為執念的心意，終於換來好結果。然而，歐西里斯因被尼羅河內的魚吃掉命根子而獨缺性器，伊西絲遂透過法術接回此物，之後才得以誕下兒子荷魯斯。

死而復生的歐西里斯未回歸陽間復位，而是下冥界成為冥王。由於歐西里斯是第一位被製成木乃伊的君王，因此一般會以裹著白布條的木乃伊來描繪其模

樣。此外，交叉擺放的雙手分別持有象徵王權的鞭子與權杖，頭上則戴著代表上埃及王標誌的白冠。歐西里斯負責在亡者中選出心地正直者，賦予永恆的靈魂，因此性情似乎變得較生前嚴格。大多數民眾皆盼望死後能順利通過在歐西里斯見證下的審判，獲得永生。亦可稱之為冥界導覽手冊的《死者之書》還記載了一段能夠令神息怒的咒語，好讓歐西里斯能對亡者留下好印象。

歐西里斯被分屍具有何種意義？

歐西里斯被認為是最古老的神祇之一，而歐西里斯神話相傳是由農耕社會發展而來的。原本歐西里斯便象徵穀物，殺害歐西里斯的賽特則代表暴風。賽特殺死歐西里斯的橋段，其實就是在描寫暴風將結實的穀物吹散到地面的情景。此外，歐西里斯的復活亦可說是以象徵手法暗喻種子發芽。

被認為是埋藏歐西里斯屍塊地點的地區，則盛行歐西里斯信仰。尤其是相傳曾埋葬過歐西里斯脊椎骨的布西里斯，以及頭部埋葬地的阿拜多斯，皆成為篤信歐西里斯的地區。身為穀物神的歐西里斯屍身四散，為各地帶來了恩澤。

歐西里斯神話相關圖

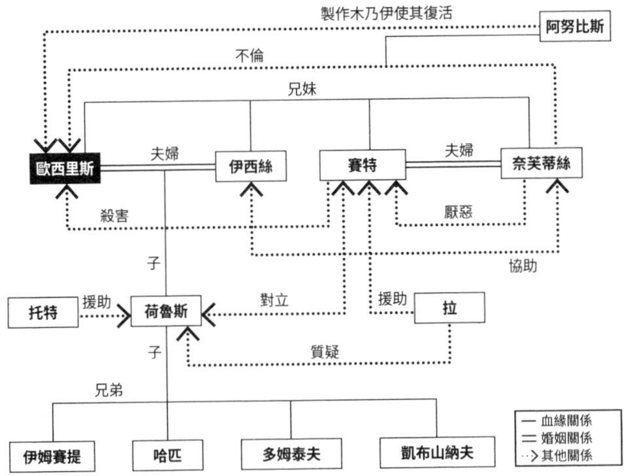

另一方面，也有人主張歐西里斯是前王朝時代（西元前五五〇〇年～前三一〇〇年）敘利亞王的神格化，還有一說則指稱歐西里斯與巴比倫尼亞（Babylonia）的神祇馬爾杜克（Marduk）有所關聯。曾死過一次又再度復活的冥界之神，亦被當作穀物神敬拜。歐西里斯信仰可謂詳實展現出古埃及人的生死觀。

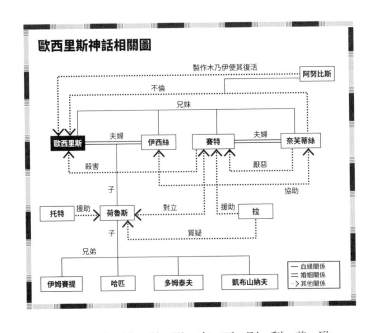

伊西絲

Isis／3st

又譯 阿賽特等

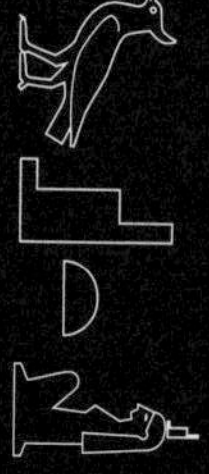

古埃及神話中地位最為崇高的女神

伊西絲是古埃及最廣受崇敬的女神，乃王座的神格化。她亦是法力高強的魔法師，尋回了遭沙漠之神賽特〔↓P60〕殺害肢解的丈夫歐西里斯〔↓P50〕的屍塊，並成功使其復活。伊西絲還協助兒子荷魯斯〔↓P66〕即位。她被視為賢妻良母的典範、亡者以及孩童守護神，在古希臘和羅馬也受到熱烈崇拜。

王座

代表伊西絲名字的象形文字為「王座」圖形，她因而被認為是王座法力的化身。在壁畫等圖像中，若以女性形象示人時，則會佩戴王座形狀的頭冠。

索普德特（Sopdet，又名索蒂絲，Sothis）

相傳為代表尼羅河氾濫預兆的天狼星神格化後所變成的女神。亦被視為伊西絲的化身。

四處奔走尋求愛夫的遺體，並成功使其復活

在古埃及最廣受崇拜，信眾亦擴及古希臘與羅馬的偉大女神即為伊西絲。因擁有豐收女神、亡者與孩童守護神，以及祕儀女神的身分，伊西絲信仰圈的範圍十分廣闊，甚至遠至英國都留有信仰的痕跡。

伊西絲之所以在神話中擁有舉足輕重的地位，得從其丈夫歐西里斯之死說起。沙漠之神賽特因出於嫉妒，用計將歐西里斯關進棺木內丟往尼羅河，導致其溺斃。深愛歐西里斯的伊西絲傷心欲絕，為了尋找棺木而跋涉至國外，好不容易才尋獲。沒想到，賽特一不做二不休，竟將歐西里斯肢解，再把屍塊棄置於埃及各地。伊西絲並未因此而氣餒，費盡千辛萬苦拾回丈夫的遺體後，借助妹妹奈芙蒂絲［→P64］與阿努比斯［→P80］之力，將遺體各部分接回原位，令歐西里斯復活。然而，由於歐西里斯的性器被尼羅河內的魚吃掉，伊西絲於是施法修復，與其交合，生下兒子荷魯斯。伊西絲也因此緣故，與奈芙蒂絲一同守護墓地，成為幫助亡者再生的送葬女神。

從太陽神手中獲得法力的魔法女王

復活後的歐西里斯未回歸陽間復位，轉而成為冥界之王。形同單身母親的伊西絲，將兒子荷魯斯教養成賢明的君王，助其成功奪回埃及國王的寶座，向賽特報了一箭之仇。荷魯斯成為統治埃及全境之王，伊西絲則成為法老之母的象徵。此外，伊西絲不畏艱難地將荷魯斯養育長大，也因此被視為孩童的守護者。

伊西絲擁有完美的賢妻良母形象，但同時也有身為魔法師狡詐的一面。為了保護荷魯斯逃過賽特的魔爪，伊西絲認為自己必須具備高強的法力。她利用垂垂老矣的太陽神拉［↓P122］所滴下來的口水，變出毒蛇，咬傷了拉。拉無法醫治源於自身的蛇毒而備受折磨，伊西絲便以治療為條件，要求拉說出自己的真名。伊西絲因為這項交易，不但獲得強大的法力，還讓兒子荷魯斯成功承繼了拉的神力。後來，伊西絲還被當成擁有祕密儀式的宇宙神祭拜，甚至在古羅馬都建有神殿。

賽特

Set / sutekh

又譯 西德等

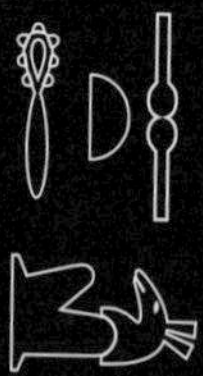

殺害歐西里斯，並與荷魯斯爭奪王位

賽特是外型為動物頭男身的暴風神，相傳為荒涼沙漠與戰爭等惡事的神格化。在神話中殺害哥哥歐西里斯〔↓P50〕，並與其子荷魯斯〔↓P66〕爭奪王位並落敗。雖因此被視為惡神，但他亦為太陽守護者，從惡蛇阿波菲斯〔↓P130〕手中保護太陽。在埃及神話中亦是擁有卓絕戰力的神祇。

冠上賽特之名的法老

賽特雖具有惡神的性格，但在埃及受到外敵入侵的中王國時期（西元前二〇五五～前一六五〇年）與新王國時期（西元前一五七〇～前一〇六九年）則以守護埃及的軍神之姿，深受民眾信仰。在第十九王朝與第二十王朝時，甚至還有法老在稱謂中加入賽特名，例如「塞提（Seti，意指賽特的男人）」與「塞特那克特（Sethnakhte，意指賽特強大無比）」。

不受控的暴風神賽特

賽特是與歐西里斯和伊西絲〔→P56〕並列為赫利奧波利斯九柱神的暴風神。他是荒涼沙漠與黑暗、戰爭等惡事的化身，乃破壞與混亂之神。賽特的祖先為太陽神阿圖姆〔→P38〕，出身高貴，但其出生過程既不尋常又殘暴。在第2個閏日誕生的賽特，為了搶先哥哥歐西里斯出世，竟咬破母親努特〔→P44〕的側腹而出。因此，相當於賽特生日的第2個閏日，相傳被古埃及人視為不祥之日。

賽特的外表也顯現出其凶暴的個性與不祥特質。他通常被畫成動物頭男身，但直至今日仍不清楚此形象的原型是否取自實際存在的動物。高高聳立的長方形長耳，配上一張有著長鼻子的臉，並長著一條前端分叉的尾巴。髮色與瞳孔則是在當時被視為不吉利的紅色。有時還會被描繪成古埃及人認為有害而忌諱不喜的豬、驢子或是河馬模樣。

具有惡神性格，同時亦扮演軍事守護神的角色

歐西里斯神話將司掌破壞與混亂的賽特描寫成被欲望牽著走，而為非作歹的惡神。賽特因嫉妒以君主之姿統領埃及的哥哥歐西里斯，而用計害其溺斃。在歐西里斯的妻子伊西絲好不容易找回四散的遺體後，賽特又無情地將遺體分屍，丟棄在埃及各地。

有一說主張，賽特為了與歐西里斯的兒子荷魯斯爭奪王位，在法庭抗爭了80年之久。然而，他那冷血無情又暴戾的個性在這段歲月裡逐漸失去威力，變成一位苟且又有點少根筋的敵手。不但中了伊西絲的計謀，說出對自身不利的證詞，令眾神啞然失笑，還為了扳回劣勢以求起死回生，企圖收買荷魯斯成為自己的情人，卻反被砲轟為行為齷齪。如此荒腔走板的表現，更加突顯勝者亦是王位正統繼承人荷魯斯的優勢，賽特因而成為令人避忌嫌惡的惡神。然而，賽特基本上是掌管破壞力的神祇。在太陽神拉〔↓P122〕航海之際，賽特是為了擊退惡蛇阿波菲斯所不可或缺的存在。身為「法老武器之主」的賽特是軍隊的守護神，戰爭時則擁有與太陽神拉以及太陽神阿蒙〔↓P142〕並駕齊驅的實力。因此無法單純以反派惡神來定義賽特，其可說是一位屬性複雜的神祇。

奈芙蒂絲

Nephthys / nbt=hw

又譯 奈弗絲 等

雖為賽特之妻，卻助歐西里斯復活

奈芙蒂絲為大地之神蓋布與天空女神努特〔↓P44〕之女，冥界之王歐西里斯〔↓P50〕、豐收女神伊西絲〔↓P56〕、沙漠之神賽特〔↓P60〕則是其兄姊。奈芙蒂絲的名字代表「城堡女主人」之意。相對於姊姊伊西絲乃歐西里斯王位與君王寶座神格化的顯現，妹妹奈芙蒂絲則是城堡的神格化。她通常以人類女性的形象，或手臂插有羽毛的女性造型示人，被描繪成身穿古代風格的衣裳，配戴著由各式寶石妝點而成的首飾。

奈芙蒂絲與二哥沙漠之神賽特結為夫妻。然而，她真正愛慕的卻是大哥歐西里斯。奈芙蒂絲想盡辦法要與歐西里斯發生關係，例如將歐西里斯灌醉、變身為其妻伊西絲等等，無所不用其極。後來也真的讓她得逞，成功懷上歐西里斯的孩子；這個偷腥得來的孩子，即為犬頭男身的冥神阿努比斯〔↓P80〕。然而，奈芙蒂絲因畏懼賽特發飆而拋棄了阿努比斯。阿努比斯因而被伊西絲收養，以養子的身分忠心輔佐伊西絲。有一說主張，奈芙蒂絲之所以會紅杏出牆，是因為賽特拒絕一心想要孩子的她。

姊姊伊西絲與妹妹奈芙蒂絲之間為了歐西里斯，似乎存在著心結，不過姊妹倆為了讓歐西里斯復活而形成合作關係。在歐西里斯遭賽特殺害並被肢解分屍後，奈芙蒂絲則陪在前往各地尋屍的伊西絲身邊，給予協助。奈芙蒂絲如同自身名字所代表的意義般，與姊姊伊西絲攜手，始終為自身所愛的君王歐西里斯效忠。

奈芙蒂絲因協助歐西里斯復活，與伊西絲共同成為守護亡者，助其復活的喪葬女神。然而，奈芙蒂絲的祭祀儀式幾乎都是與伊西絲一起舉辦，除了歐西里斯神話外，未曾出現在任何神話中。因此有一說認為，由於歐西里斯與伊西絲為夫妻，為了湊成對，而以人為創作方式，將她設定為賽特之妻。

荷魯斯

Horus / ḥr

又譯 荷魯 等

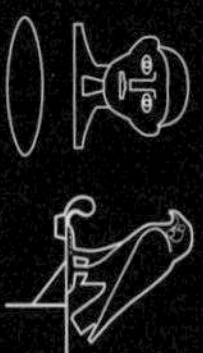

據信為法老祖先的天空之神

以遊隼外型，抑或遊隼頭男身形象示人的天空之神荷魯斯，在歐西里斯神話中為冥王歐西里斯之子［↓P50］，與殺父仇人沙漠之神賽特［↓P60］爭奪王位。雙方歷經激烈廝殺，荷魯斯最終成為上下埃及之王。因此，歷任法老皆被認為是荷魯斯的子孫。荷魯斯還與其他神祇融合，擁有各種神格與稱謂。

荷魯斯之眼（烏加特之眼）

荷魯斯與殺父仇人賽特交戰時被挖去一隻眼睛，後來經由智慧之神托特［→P46］醫治痊癒，而被稱為「烏加特」（Oudjat或Udjat等，意指健全完整），並成為復原失落之物的象徵。此外，荷魯斯之眼亦象徵光明，被當作護身符來抵禦邪惡之眼，因而被畫在墓地入口或門扉，後來亦被描繪在棺木上。

具有多重身分與神格的天空之神

在古埃及諸神中，荷魯斯是特別受到深厚信仰的神祇，他司掌天空與太陽，乃遊隼的神格化。亦為王權守護者的荷魯斯是地位非常重要的神祇，稱其為埃及最具權威的領導者也一點都不為過。他通常以遊隼外型，抑或遊隼頭男身的形象示人。想必是因為翱翔天際的遊隼之姿，正能彰顯其俯瞰地面眾生的神威吧。

荷魯斯亦是埃及最古老的神祇之一，在信仰圈擴大的過程中，逐漸與其他神祇融合。因此，荷魯斯會出現在各類神話中，並擁有為數眾多的神格與稱謂。其神格可大略分為代表太陽神之意的「大荷魯斯」，以及歐西里斯神話中的「小荷魯斯」。大荷魯斯會隨著信仰地區而有不同的稱呼與神力，諸如「年長的荷魯斯」（雙眼為太陽和月亮的天空之神）、「地平線的荷魯斯」（意為太陽，與太陽神拉〔→P122〕同化）、「凝視地平線的荷魯斯」（太陽的神格化）等等。

另一方面，小荷魯斯為冥王歐西里斯與豐收女神伊西絲〔→P56〕之子，打敗了叔叔賽特這個殺父仇人，成為上下埃及之王而被視為英雄。據悉小荷魯斯逐漸兼任大荷魯斯所扮演的角色而成為主流。

歷經苦難後終於成為「現世之王」

根據誕生於太陽城赫利奧波利斯的歐西里斯神話所述，荷魯斯歷經千辛萬苦才成為一統埃及全土的君王。身為一代明君治理埃及的歐西里斯，不但遭親弟弟賽特殺害，遺體還被肢解棄置於全國各地。歐西里斯之妻伊西絲將四散的屍塊一一尋回，將遺體拼接完整，再透過法術令歐西里斯復活。兩人重逢後所生下的孩子即為荷魯斯。

然而，荷魯斯這位曾死過一次的父親未再回到陽間，而是轉入冥界發展。在母親伊西絲這位大魔法師的庇護下，儘管不斷受到賽特執拗的攻擊，荷魯斯終究平安長大，為了奪回父親的王權而向賽特下戰帖。

荷魯斯在神界法庭主張自己才是最有資格繼承父親的正統接班人，強調其繼位的正當性。然而，擔任神界法庭法官的太陽神拉，卻因為荷魯斯經驗不足而不肯點頭。因此，荷魯斯與賽特之間的戰火遂愈演愈烈。在這場爭戰中，荷魯斯雙眼受傷，賽特則是睪丸差點不保。不過，荷魯斯的左眼在智慧之神托特的醫治下痊癒，自此擁有象徵復原失落之物的「烏加特之眼」。

荷魯斯由於年輕氣盛而衝動行事，曾幾度陷入窮途末路。相傳某次在他將賽特逼到絕境，欲除之而後快之際，伊西絲卻勸他原諒賽特，導致他怒不可遏地砍下了伊西絲的首級。所幸在智慧之神托特的幫忙下，最後平安無事。由此可知荷魯斯似乎性情急躁易怒，容易失去控制。不過，他在這些失敗的教訓下逐步累積經驗，彌補不足之處，終於成為一位對得起歐西里斯接班人稱號的神祇。

有所成長的荷魯斯再度前往神界法庭，再三提出要求，最後終於獲得眾神的認可，成為一統埃及全土的君王。有一說指出，荷魯斯與賽特兩造的法庭攻防戰一打就是80年。

成為埃及全土之王的象徵

於是乎，歐西里斯神話以荷魯斯登上埃及全土之王的寶座結尾，不過，荷魯斯原本是位於南部的上埃及神祇代表，而賽特則是位於北部的下埃及神祇代表，在歐西里斯神話著墨前，兩人便已是敵對關係。換言之，歐西里斯神話的用意在於強調，上埃及的國家主神荷魯斯成為全埃及主神的正當性。附帶一提，原本亦為穀物神的歐西里斯，隨著穀物的傳播而往南打開知名度，對南北埃及的農民而言乃耳熟能詳的神祇。對於主神換人當的北部民眾來說，主打「荷魯斯是歐西里斯之子」的事實會更令人容易接受。

王被視為荷魯斯的化身，而荷魯斯則是以凡人之姿降生於世，亦即所謂的「活神仙」。因此緣故，歷代法老被認為是荷魯斯的子孫，代表神的化身，擁有至高無上的權力來統治古埃及王國。

此外，歐西里斯神話將王子復仇記描寫得相當狗血，也是其一大特色。相對於其他神祇擁有與生俱來的特殊資質，荷魯斯則是歷經苦難後，才獲得自身所欠缺的能力，成為君王。荷魯斯所走過的荊棘之路，代表欲維持埃及統一所必須付出的努力，同時也可說是預告了第一位人類君王的到來。

伊姆賽提

Imsety / imsti

又譯 阿姆塞特 等

受最高女神伊西絲的保護，看守肝臟

俗稱「荷魯斯四子」的其中一位神祇，乃用來保存亡者內臟的「卡諾卜罈（Canopic jar）」守護神。

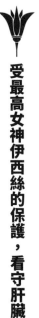

「卡諾卜罈」為製作木乃伊的過程中，用來保存被取出的內臟的容器，會被置於遺體附近。4個罈子所存放的內臟皆各有規定，守護神也各不相同。這4名守護神分別是俗稱「荷魯斯四子」的伊姆賽提、哈匹〔→P74〕、多姆泰夫〔→P76〕、凱布山納夫〔→P78〕。

伊姆賽提負責守護肝臟，代表方位為南。他有著人類的頭部，身體則是木乃伊。據悉其名字源自茴香（Anise）等藥用植物。也有人主張這個名字代表「兩者間的爭鬥」，原本是指稱「妻管嚴」的夫妻檔。

此外，「荷魯斯四子」分別有不同的女神加以庇護。伊姆賽提的守護神為豐收之神伊西絲〔→P56〕。換言之，亡者的內臟會受到「荷魯斯四子」與女神的雙重保護。

古埃及人認為人的靈魂是由五大要素所構成的。它們分別是，司掌個性和意識、鳥頭人身的「巴（Ba）」、在人的靈魂中屬於精神方面活力的「卡（Ka）」，代表個人名字的「仁（Ren）」、產生情感與想法的心臟「伊比（Ib）」，無法分割的影子「舒特（Shuyet）」。

這5個構成靈魂的要素，在人死之後，只有「巴」會離開身體，為了獲得在死後世界生活的許可，而前往由冥王歐西里斯〔→P50〕統治的冥界。此外，古埃及人認為，要在死後的世界生活必須具備肉體。因此緣故，才會在人死亡後製作木乃伊保存肉體，並嚴密地保護木乃伊與臟器。

哈匹

$h^{c}py$

Hapi / $h^{c}py$

又譯 哈碧 等

守護肺臟的「荷魯斯四子」之一

哈匹與伊姆賽提、多姆泰夫、凱布山納夫同為「荷魯斯四子」一員，負責守護用來保存內臟的容器「卡諾卜罈」。埃及神話中有另一位同名神祇「哈匹」存在，不過這位哈匹則是尼羅河的神格化，乃雌雄同體的豐收之神〔→P96〕。

哈匹的頭部為狒狒，身體則是木乃伊，負責看守的臟器為肺臟（一說為脾臟），代表方位為北，並受到喪葬女神奈芙蒂絲〔→P64〕的保護。奈芙蒂絲為豐收女神伊西絲〔→P56〕的妹妹，兩人皆為追悼、守護亡者的女神。

哈匹的名字與伊姆賽提系出同源，據悉皆來自「兩者間的爭鬥」。相傳自古以來亦代表「2隻鴨子」或者「2隻鵝」之意。哈匹的形象後來也與聖猿融合。

附帶一提，在古埃及被當作神獸的猴類僅限長鬃狒狒，由於牠們會在黎明時發出叫聲，而被認為是太陽的崇拜者。

首度提到包含哈匹在內的「荷魯斯四子」之文獻，則是古埃及葬禮文書之一的《金字塔銘文（Pyramid Texts）》。內容記載著四人為「荷魯斯所愛的孩子們」，但絲毫未提及相關神話，對他們的外貌也完全未交代隻字片語。既沒有聖地也沒有小聖堂的這4位神祇，在後世扮演著十分重要的角色。他們又被稱為「君王之友」，相傳是幫助駕崩君主升天的存在。不只如此，他們亦被視為王權的化身、天空之神荷魯斯〔→P66〕的「靈魂」。

此外，保存亡者內臟的「卡諾卜罈」蓋，最初為象徵亡者頭部的人頭造型雕刻，但在第十八王朝以後，罈蓋則改成象徵「荷魯斯四子」的頭部造型雕刻。

多姆泰夫

Duamutef / dw3-mwt.f

又譯 杜阿姆特夫等

與好戰女神一同守護亡者的胃

多姆泰夫是負責看守亡者軀體，尤其是內臟的「荷魯斯四子」其中一員，是保存亡者內臟的「卡諾卜罈」守護神。

有著胡狼頭外型的多姆泰夫，負責保護的臟器為胃（一說為肺）。據悉其名字代表「讚美母親」抑或「深愛母親」之意。多姆泰夫被視為胡狼或獵犬等神獸的化身。

負責保護多姆泰夫的是母性女神奈特〔→P164〕。奈特為王國、墓地守護神，乃司掌戰爭與狩獵的好戰女神。相傳法老在進行祭拜時，會將武器獻給奈特，而奈特會為君王除去路途上的障礙以作為回饋。奈特與豐收女神伊西絲〔→

P56〕、喪葬女神奈芙蒂絲〔→P64〕、蠍子女神塞爾凱特〔→P106〕一同守護卡諾卜罈，是悲嘆君王之死的「哭泣四女神」之一。

「荷魯斯四子」所看守的肝、肺（抑或脾臟）、胃（抑或肺）、腸被認為是重要的器官，經過防腐處理後，會被存放於「卡諾卜罈」嚴加保管。製作木乃伊的目的就是要將遺體維持在原本的狀態。因此，首先會取出水分多容易腐壞的內臟，進行脫水處理。另一方面，腦部則會令其腐壞，以液體的方式排出體外，或是弄斷鼻腔深處的軟骨來掏出腦組織，予以破壞。由於古埃及人認為靈魂所在之處為心臟，所以只有心臟會在脫水處理完後，放回體內原本的位置。

只不過，進入第三中間期後，據悉經防腐處理的內臟會分別被貼上「荷魯斯四子」的守護符，並放回體內保存。

凱布山納夫

Qebenseneuf/ḳbḥ-ṡnw.f

又譯 克貝塞努夫 等

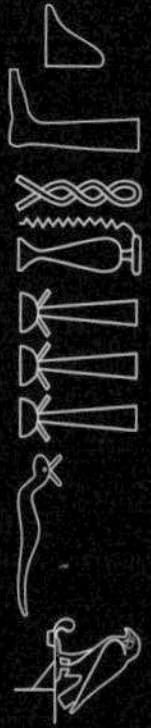

帶來盎然生氣，促使亡者復活

名字意為「令兄弟們甦醒者」的凱布山納夫，他是保護亡者臟器的「荷魯斯四子」成員之一，負責看守裝有「腸子」的「卡諾卜罈」。他所鎮守的方位為西方，外型與父親荷魯斯〔→P66〕相同，皆為遊隼頭。四兄弟各以狒狒、胡狼、遊隼形象示人，也讓他們與這些神獸畫上等號。此外，四兄弟的另一個面貌則是擔任神之使者的4隻鳥。

「荷魯斯四子」相傳是荷魯斯的另一個神格，荷魯賽姆斯（意為老荷魯斯）與女神伊西絲〔→P56〕的孩子，從睡蓮（Lotus）中誕生。在冥界進行死後審判的大廳裡，冥王歐西里斯〔→P50〕寶座前會置放開花的睡蓮，四兄弟便站立於上。

在古埃及，太陽升起時開花，太陽西下時閉合的睡蓮乃再生的象徵。前述景象應該是用來呈現，人死之後，由荷魯斯四子守護的4種臟器將在睡蓮中復甦的意象。

護佑凱布山納夫的則是蠍子女神塞爾凱特［→P106］。塞爾凱特是從遠古以來便受到人們崇拜的神祇之一，相傳為蠍子的神格化。原本是守護尼羅河源流的女神，因河流的終點與冥界相連，而獲得冥界神的屬性。此外，因與蠍子等有毒生物有所關聯，也令塞爾凱特與醫療和咒力形成強烈連結。她後來與豐收女神伊西絲的形象融合，相傳伊西絲的祭司因為篤信塞爾凱特，而完全不怕蠍子。

附帶一提，保存亡者內臟的「卡諾卜罈」，此名稱來自古埃及貿易都市卡諾珀斯（Canopus）。當地會以人頭造型容器來象徵廣受信奉的歐西里斯，因此，早期的埃及學者才將罈蓋為人頭造型或動物頭模樣的罈罐稱之為「卡諾卜罈」。

阿努比斯

Anubis / inpw

又名 英普 等

外型為黑犬頭的死神與木乃伊製作神

阿努比斯為黑犬頭人身的冥界之神，負責看守墳墓，引領亡者前往冥界。他將遭到沙漠之神賽特〔↓P60〕分屍的歐西里斯〔↓P50〕遺體拼接完整，製成木乃伊，助其復活。因此，阿努比斯亦被視為木乃伊師傅的守護神。在歐西里斯治理的冥界，則負責使用天秤來量測亡者罪孽的重量。

神獸：狗

與喪葬息息相關的狗、胡狼、狼，在埃及圖畫中並沒有太顯著的區別。一般普遍認為阿努比斯為黑犬，但因為尾巴很寬，也有人主張是胡狼。根據此特色來推測，其原型可能是近似原產於蘇丹的巴仙吉犬，抑或外型介於狼與狐之間的衣索比亞狼。不過非洲並沒有狼分布，因此實情如何依舊不明。

阿努比斯的由來為出沒墓地覓食的野狗？

阿努比斯為黑犬頭人身，是負責看守亡者，尤其是墓地的冥神。由於外型極富特色，提到古埃及神祇時，應該有很多讀者會聯想到阿努比斯吧。

阿努比斯原本是遠比冥王歐西里斯更早為人所信仰的神祇。為了覓食而徘徊墓地的野狗，看在凡人眼中好似在守護亡者，因而被當成守墓者信奉。阿努比斯的名字是由希臘或羅馬人所命名，在埃及則稱其為英普，意為「年輕的狗」。附帶一提，也有一說認為阿努比斯從前是胡狼。這是因為其外型雖呈現出犬科的特徵，但尾巴幅度寬，形似粗棍棒的緣故。有鑑於此，其原型也有可能是融合黑犬和胡狼特徵的動物也說不定。

阿努比斯曾被認為是貓女神芭絲泰特〔→P86〕的孩子，後來才轉變成歐西里斯與妹妹奈芙蒂絲〔→P64〕之子。然而，奈芙蒂絲卻是沙漠之神賽特的妻子，所以阿努比斯等於成了所謂的私生子。

史上第一位木乃伊製作者，因而成為木乃伊師傅守護神

奈芙蒂絲因害怕外遇曝光而遺棄了阿努比斯，阿努比斯便在歐西里斯之妻伊西絲〔→P56〕的收養下，追隨養母左右，盡忠效勞。而他在這個神話中最有名的故事，即為製作木乃伊。他將遭到沙漠之神賽特分屍的歐西里斯遺體拼接完整，製成木乃伊保存，助其復活。這是埃及神話首度出現製作木乃伊的情節，阿努比斯因而被視為木乃伊師傅的守護神。俗稱「神祕長老」的大祭司，在整頓完遺體，進行移送墓地的儀式時，據悉會戴上犬頭造型的面具，扮演阿努比斯的角色。

阿努比斯還肩負另一項重大任務——在冥界計量亡者的靈魂。他負責將亡者帶往冥王歐西里斯的審判處，將亡者的心臟與真理女神瑪亞特的羽毛放在天秤上。若兩者的重量不相等，便等於有罪，亡者的心臟（亦即靈魂）就會被怪獸阿米特〔→P110〕吞噬。

由於阿努比斯負責引領亡者，因此在希臘、羅馬時代被認為等同於引領亡者前往冥府的赫爾墨斯（Hermes）；亦被視為掌管有關生死祕密儀式的知識之神。

出自胡內弗手抄本（Papyrus of Hunefer）描繪死後審判場景的《死者之書》
（大英博物館藏）

第3章 外型奇特的神祇

芭絲泰特

Bastet / b3stt

又譯 芭絲特 等

面貌和善充滿魅力的貓神大人

貓顏人身的女神芭絲泰特，有著一張會令愛貓族無法招架的臉蛋。芭絲泰特為豐收之神，原本頭部為獅子，後來才變成貓。她通常以手持樂器的模樣入畫，有時還會帶著小貓，氣質穩重，但當她陪同太陽神拉［↓P122］巡行時，則是持刀制敵的戰鬥女神。

神獸：貓

埃及神話中有許多外型為動物或昆蟲的神祇。由於古埃及人對動物的先天能力大感驚嘆，而將動物與昆蟲神格化。貓也是被當成神的動物之一。起初埃及人是為了捉老鼠而養貓，但逐漸被貓討喜可愛又神祕的個性所吸引。古埃及人不只將貓養來當寵物疼愛，還將其視為崇拜的對象，當成神來敬拜。此現象反映在壁畫與雕像上，最後促成女神芭絲泰特的誕生。

埃及人所敬愛的貓女神

貓在全球各地被當作寵物而廣獲人們喜愛。據說，最先將貓當成寵物飼養的是埃及人。古埃及所飼養的貓，據推測應為歐洲野貓的亞種——亞非野貓。埃及人起初是為了驅逐老鼠或毒蛇而開始飼養貓，但貓與人的共同生活卻意外地融洽，貓因而徹底融入埃及人的生活裡，成為不可或缺的存在。

當時許多人們面對愛貓死亡時，不但傷心難過，還會為了祈求貓能復活而將其製成木乃伊。貓在古埃及人的認知裡，就這樣晉升為神聖不可侵犯的動物，以貓為形象的神也應運而生，那就是貓女神芭絲泰特。

芭絲泰特最大的特徵即為長相。苗條的女性身軀配上聰慧靈秀的貓顏。身上會配戴著項鍊等首飾，手裡則拿著透過搖動發出聲音的樂器「西斯特爾叉鈴(Sistrum)」與盾牌，再加上一只籠子。有時還會被描繪成帶著幾隻小貓圍繞在其腳邊的姿態。

亦被認為等同於戰爭女神

據悉芭絲泰特原本為部分地區所信仰的地方神。在巴斯提斯（Bubastis）、底比斯等地挖掘出了許多貓的木乃伊，由此可推測這些地區信奉芭絲泰特。她既是豐收與音樂之神，同時也由於貓咪具有多產的特性，因而成為守護孕婦生產與保護孩童的象徵。芭絲泰特手持的樂器「西斯特爾叉鈴」，即為俗稱的搖鈴，是用來哄孩子的玩具之一。從這一點也可感受到其溫柔可人的一面。

如同埃及人愛貓般，芭絲泰特亦受到許多民眾的敬愛，與她有關的祭祀活動非常多。其中則以在尼羅河氾濫時所舉行的「巴斯提斯祭儀」最為知名。在活動過程中，喝醉也不會有人見怪，醉酒反倒被視為神聖的行為。有的祭典活動則是舉辦浩浩蕩蕩的大遊行等等，頌讚芭絲泰特的祭典都非常活潑熱鬧。芭絲泰特的名字援引自其誕生地之名，所代表的意義為「巴斯提斯的女主人」。

芭絲泰特的別名眾多，亦被稱為「拉之眼」。有一說主張芭絲泰特為太陽神拉的女兒，她因而被視為等同於溼氣女神泰芙努特〔→P42〕。

擁有「拉之眼」別名的女神中，就屬獅子女神塞赫美特［↓P132］最為有名。她有著同樣屬於貓科動物的獅子臉龐，是一位奉拉神之命大肆屠殺人類的戰爭女神。其實芭絲泰特原本也跟塞赫美特一樣，以獅子容貌示人，因此過去也曾被認為等同於塞赫美特。

後來成為慈母神的芭絲泰特，原本是背負著「殺光法老敵人」的命運，殺氣騰騰的女神，有時也會對人類造成危害，著實是位令人畏懼的神祇。然而，容貌從獅子轉變為貓後，性格也隨之變得溫順。

只不過，溫順歸溫順，終究還是貓。芭絲泰特成為豐收女神後依然隨伺在拉身邊，在其航海之際，揮舞著銳利短刀，斬殺惡蛇阿波菲斯［↓P130］，盡責完成保護拉的任務。性情絕非只有溫順的一面也是芭絲泰特的魅力之一。

芭絲泰特的形象逐漸融入各種文化中

芭絲泰特也被當成守護法老左右的神祇而備受信仰。相傳奧索爾孔二世(Osorkon II)便在自身的稱號中加入芭絲泰特之名。而前述的塞赫美特，其激烈的性情據說是太陽神拉所賦予的。相對於此，芭絲泰特則代表沉穩的月亮。可能因此緣故，日後埃及神話與希臘神話融合時，芭絲泰特便被認為等同於月亮女神阿緹蜜絲（Artemis）。

在動物神眾多的埃及神話中，芭絲泰特的存在一點都不顯得突兀。然而，放眼全世界，貓成為神的事例實在少之又少。在歐洲，貓有時會成為惡魔的爪牙，但從未變成神。由此可知，芭絲泰特實屬世上罕見的貓神。

而且，由於芭絲泰特的貓女神外貌獨樹一幟，在社群遊戲等各種電玩中經常可見到其身影。在離古埃及無比遙遠的現代日本，依然享有盛名，廣為人知。

克努姆

Khnum／hnmw

又譯 庫努牡／赫內姆 等

以陶輪造人的羊頭造物神

克努姆是名字意為「創造者」的男神。如名所示，克努姆創造了人、神、大地、冥界、世界，甚至是他自己。坐在陶輪前，以陶泥捏製人類，是他最常見的形象。克努姆以黏土捏塑成人形，接著由妻子青蛙女神赫克特〔→P94〕賦予生命。克努姆遠在早王朝時期（約為西元前三一五〇～前二六八六年）就已經是為人所供奉並有紀錄佐證的古老神祇，還曾短暫被認為等同於太陽神拉〔→P122〕。第十八王朝期（約為西元前一五七〇～前一二九三年）的女王哈特謝普蘇特〔→P186〕，命人留下「自己為克努姆與赫克特這對夫妻神所生」的紀錄，藉此提升自身的地位。

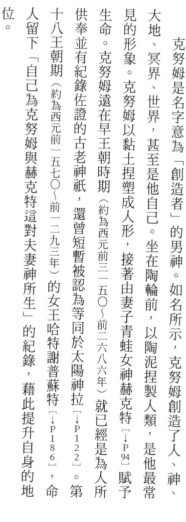

克努姆最大的特色在於外型。他是有著公羊臉人身的羊頭神。據悉，克努姆為山羊的神格化，山羊強大的生殖能力經轉化後遂成為其所具備的創造力。克努姆原本是在鄰近尼羅河的象島（Elephantine，現位於亞斯文Aswan附近）受到民眾信仰。此地為尼羅河帶來泥沙之處，與陶藝有很深的淵源。可能因為如此，克努姆才成為善於捏製泥土的造物神。

再者，當時的人們深信象島是尼羅河的源流。尼羅河河水會從冥界，抑或混沌之海努恩［→P36］的地下海域通過洞穴，抵達象島，接著河水才會貫穿埃及全土。因此緣故，克努姆既是管理尼羅河的看守者，亦被人們當成分配埃及水資源的神祇敬拜。相傳在尼羅河氾濫或乾涸之際，法老們就會祈請克努姆相救。

然而，克努姆並非只有溫柔和善的一面。山羊如今往往予人溫順的印象，不過原本的性情卻是粗暴又凶猛。克努姆也被稱為「持弓民眾剋星」，被當成壓制戰敗國人民或反叛分子的神祇崇拜。

赫克特

Heqat / ḥḳt

又譯 赫凱特、海奎特等

賦予人生命氣息，心地善良的青蛙女神

埃及神話有個很特別的青蛙女神。她的外型通常被描繪成青蛙或蛙頭人身。手持象徵生命的「安卡（Ankh）」也是其另一個常見的形象。

赫克特的另一半為羊頭神克努姆〔↓P92〕，由她負責為丈夫所捏製的人偶吹氣，賦予生息。她也因為這層緣故被當作生產女神敬拜，據悉幫產婦接生的助產師亦被稱為「赫克特隨從」。

赫克特不只幫助人類，在神話中也拯救了許多神祇的性命。其中最有名的是歐西里斯神話內的橋段。赫克特不僅協助遭暗算的冥王歐西里斯〔↓P50〕復活；在歐西里斯之妻，亦即豐收女神伊西絲〔↓P56〕產子之際，也出了一份力。赫克

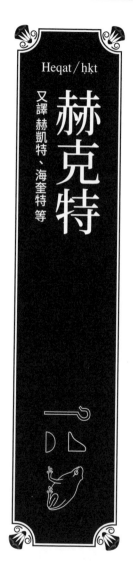

特在歐西里斯神話中也是一位擁有重要地位的女神。

話說回來，赫克特原本是相當古老的地方神，但未有相關紀錄留下，無從得知其從前究竟是什麼樣的神祇。在赫爾莫波利斯神話中，赫克特是早在宇宙誕生前便已存在的青蛙神之一，後來才被改寫成克努姆之妻。身為生命之神克努姆的妻子，她也隨之升格成為生命女神。

原本古埃及人便將青蛙與蛇等生物視為神聖動物。原因在於，這些動物每年都會從尼羅河的泥沼中甦醒。由於古埃及人相信即便肉體死亡，總有一天也會復活，因此在他們眼中，青蛙即為每隔一年就會復活的不死生物。此外，青蛙大量產卵的習性亦成為多產的象徵。青蛙的象形文字具有「重生」之意，後來被傳入基督教後，青蛙便成為復活的象徵。

代表不死和再生之意的青蛙乃女神赫克特的原型。從前似乎也有頌讚赫克特的祭典活動，但一切全都謎團重重。

哈匹

Hapi / ḥ^{c}py

又譯 哈碧 等

擁有一對女性胸部的尼羅河神

第一次目睹哈匹尊容的讀者應該會感到驚訝。因為哈匹為男兒身，卻有女性的胸部。他是留著鬍鬚，肚子圓滾滾的男性神祇，卻有一對女性乳房。這個雌雄同體的外型，代表著狂暴與豐收。因為他乃尼羅河的神格化，正是尼羅河的化身。

哈匹配戴著由紙莎草或睡蓮製成的飾品，一手拿著供品，另一隻手則握著埃及國花——蓮花。他通常以單體形象示人，有時也會被畫成雙體。拉美西斯二世〔→P196〕王位上便繪有雙哈匹，一位頭戴蓮花冠，另一位則配戴紙莎草冠，彼此面對面，手拿紙莎草層層綑綁住象形文字。此圖像則具有連結上下埃及的涵義。

被視為尼羅河化身的哈匹，信仰圈主要集中在尼羅河沿岸。由於埃及是受惠於尼羅河才得以茁壯發展，因此哈匹亦被稱為眾神之父。尼羅河水位上升又被形容為冥王歐西里斯〔↓P50〕溺斃時所流出的體液，抑或其妻子，豐收女神伊西絲〔↓P56〕所流下的眼淚。因此，哈匹也被稱為歐西里斯的化身。有神話描述哈匹將乳汁餵給已死的歐西里斯，令其復活。在某些地區，哈匹的地位甚至曾經高於太陽神拉〔↓P122〕。

尼羅河是自古以來多次氾濫的凶猛河川。在其氾濫時，人們為求尼羅河息怒會將許多供品丟入河內，懇請哈匹大發慈悲。相傳從前曾將法老的女兒丟入河內獻祭。而在一九六四年又值尼羅河氾濫之際，人們則將麥稈編成的人偶命名為「尼羅河未婚妻」並將之投入河內，獻給哈匹以取代人祭。這一年是亞斯文高壩建設前，尼羅河最後一次水位暴漲。在這個最後的獻祭儀式後，尼羅河便由水壩接管，哈匹則成了忘記氾濫為何物的沉穩神祇。

Min / mnw

敏

又譯 邁努 等

掌管生殖力，廣受男性崇拜的神祇

戴著插有2根直立羽毛的頭冠，手裡拿著名為「連枷」的鞭子（抑或未拿任何物品，只是舉起手），雙腿宛如木乃伊般併攏站立的男神，就是敏最普遍的形象。只不過，他通常被描繪成陰莖勃起的狀態，是一位外型相當特異的神祇。敏自古以來又被稱為「邁努」，而此名稱則取自其令人聯想到交配的「位於女人們上方，為眾神和女神播種的公牛」意象。敏如同其外貌與名字所示，乃象徵豐收與國家繁盛的神祇，亦掌管男性雄風，許多男性希望能擁有其力量，而造訪神殿參拜。

有關敏的活動，則以俗稱「敏神階梯外出」的盛大祭典最為有名。法老會率領遊行隊伍，恭迎敏入聖地，並親自割麥獻神。後來更發展出以特別飼育的公牛作為供品的敏神祭，以及名為「為敏神爬柱」攀登包裹著動物皮柱子的盛大祭典。

敏是非常古老的神祇，在前王朝時代便已被繪製於土器等器物上。敏亦廣受礦山工人與旅人信奉，從科普托斯（Coptos）至金山、紅海沿途上皆建有許多神殿。隨著時代推移，敏也與其他神話融合。而且由於司掌作物的豐收，敏也跟與植物有很深淵源的冥王歐西里斯〔→P50〕混合，據悉敏神信仰一直持續到很久以後的羅馬時代。

被描繪於敏背後的植物，亦暗示著其強大的生殖力。這長著荊棘的植物即為埃及萵苣。當時的人們相信，萵苣能提高男性生殖能力，具有春藥的效力。這也是沙漠之神賽特〔→P60〕愛吃的蔬菜。萵苣的苗床則被埃及人稱為「敏之庭院」。

Bes / bs

貝斯

廣為市井小民信奉的庶民之神

埃及神祇大多身形苗條，在這當中，貝斯則是身材矮小又壯碩，兩眼圓睜，吐著舌頭，外貌非常獨特。有別於外表，性情十分和善的貝斯，會被描繪於護身符或裝飾品上來辟邪。相較於法老或貴族等統治階級，貝斯反而在老百姓間享有高人氣，是如同精靈般的存在。

貝斯小屋

貝斯是沒有自身神殿的神祇。不過，在孟菲斯、塞拉比尤姆（Serapeum）等好幾座神殿中，則設有俗稱「貝斯小屋」的空間。此處以貝斯為主體，並描繪著裸體的女神們，相傳待在這裡有助於提升生殖能力。

深受民眾敬愛的歡喜之神愛跳舞

面容宛如老人或猴子滿是皺紋，一頭捲毛，鬍鬚茂盛，吐著長長的舌頭，雙眼瞪視著前方，身材通常被畫得很矮小，繫著獅子皮與蛇皮製成的腰帶，雙手呈叉腰姿勢的嬌小神祇即為貝斯。

埃及神祇大多以側面角度入畫，而且通常體型苗條，不過貝斯則確實以正面示人，身材亦顯壯碩。由於貝斯的外貌風格十分迥異，曾有一說認為或許他是來自非洲其他國度的神，而非出身埃及，不過後來釐清，貝斯從古王國時代（約為西元前二六八六年～前二一八一年）便已為人所信仰。

貝斯雖然面目猙獰，卻是代表歡喜、祝福以及舞蹈之神，後來則與哈索爾〔↓P156〕的形象融合。他亦是一位不問身分高低，垂佑眾生，帶來幸福的神祇。此外，貝斯因與生殖之神敏〔↓P98〕融合，而成為多產與生產的守護者，深受包含孕婦在內的女性以及平民百姓的信仰。

具有驍勇善戰的另一面，保護人們不受蛇與惡魔的侵擾

貝斯其實也是一位保護民眾躲過蛇等危險動物攻擊與災厄的戰神。他會揮舞短刀，搖響鈴鼓來擊退蛇，驅除惡魔。人們將貝斯圖像當成避邪之物，張貼於床頭，也會在女性所使用的香料罐或鏡子等物品上刻上貝斯的畫像。有一說指出貝斯原為獅子的神格化，從他那宛如鬃毛的髮型來看，的確也不無可能。

貝斯是位表情詭異，愛跳舞，而且會驅逐惡魔保護民眾，深入民間信仰的神祇，但關於他的起源卻幾乎不可考，只知其從新王國時期（約為西元前一五七〇年～前一〇六九年）才開始廣為民眾信奉。至今尚未發現專屬於貝斯的神殿，不過各地的神廟中存在著繪有貝斯圖像的空間。進入羅馬時代後，人們則聚焦於貝斯身為戰神的那一面，為其換上軍裝。

貝斯雖然在市井小民間相當具有名氣，但同時也是一位謎樣的神祇，至今仍不清楚他究竟是如何誕生的。

烏普奧特

Wepwawet / wp-w3wt

又譯 威普瓦衛 等

開疆闢土，好戰的狼神

烏普奧特的外型為狼或胡狼貌。他原本是位於中埃及的阿西烏特（Asyut）地方神。埃及神話中以犬頭形象示人的神祇，就屬因製作木乃伊而廣為人知的冥神阿努比斯〔→P80〕最為有名。阿努比斯大多被描繪成犬頭人身的半人半獸樣，而烏普奧特則多半被畫成獸類。

他的隨身物件為盾牌、棍棒、弓箭等武器，由此可知，烏普奧特原本是阿西烏特地區所信奉的戰神。烏普奧特這個名字所代表的意義為「拓路者」，在戰爭時能為君王開拓道路。

烏普奧特被視為驅敵之神，為了獲得其庇佑，法老會在行軍時掛上繪有其圖像的旗幟，他也因為這樣而開始被稱為「拓路者」。烏普奧特不只為君王開路，下冥界時，他會站在渡河船頭引領亡者，嚇阻邪惡事物。後來在神話裡也描述到，烏普奧特在太陽神拉〔↓P122〕與冥王歐西里斯〔↓P50〕降臨冥界之際，挺身斬妖除魔，為2位大神開路。這也是他被稱為「開拓兩國者」的緣由。

約於羅馬時代，烏普奧特也曾被描繪成一身武裝的軍神，由此可知，他長久以來皆受到民眾的信仰。此外，隨著時代演變，烏普奧特的出身也跟歐西里斯神話混合，有時還會被當作歐西里斯的兒子。如前所述，歐西里斯之子阿努比斯是犬頭神，也與冥界有很深的淵源，因此這2名神祇可說是有著奇妙的關聯。

此外，篤信烏普奧特的阿西烏特居民，或許是受其作風影響，據悉成了好戰民族。或許應該說，這片土地原本就存在著許多好戰民族，所以才促成戰神的誕生。

塞爾凱特

Serket / śrḳt

又譯 塞勒凱特 等

以蠍子形象示人的冥界女主人

包含埃及在內，生活於沙漠地帶的人們最恐懼的生物莫過於蠍子。而外型與含有劇毒的蠍子有深切關聯的女神即為塞爾凱特。她通常被描繪成頭頂蠍子的模樣，與凱布山納夫〔→P78〕一同看守亡者的棺木時，則呈現出雙臂張開，宛如擁抱的姿勢。

塞爾凱特原本是在部分地區受到信仰的古老女神。她的名字代表「令人呼吸者」、「令喉嚨呼吸者」之意，暗喻著她有辦法化解危險到足以奪人性命的蠍毒。她也因此成為掌管醫療與法術之神，深受主攻咒術的醫療祭司們的信仰。

此外，塞爾凱特與蛇女神烏拉烏斯（Uraeus）被視為一體，因而成為「拉的女兒」，肩負擊退惡蛇阿波菲斯〔↓P130〕保護太陽神拉〔↓P122〕的使命。

隨著時代變遷，塞爾凱特也逐漸與其他地區的神話混合，最終成為拉的女兒，負責保護拉躲過有毒生物的攻擊。與歐西里斯神話混合後的版本則是，塞爾凱特所生的蠍子保護了豐收女神伊西絲〔↓P56〕與她肚裡的孩子。塞爾凱特還與其他女神一起被描繪在法老的陵寢內，負責看守裝有國王內臟的「卡諾卜罈」和棺木。如此多重的身分，令她擁有「國王乳母」的別名。在赫赫有名的圖坦卡蒙〔↓P192〕金字塔中，裝著卡諾卜罈的黃金櫥櫃亦繪有塞爾凱特像。

然而，塞爾凱特成為蠍子女神其實是後來才演變而成的。在遙遠的古早時代，她頭上頂著的其實是名為「紅娘華（水蠍子）」的生物。紅娘華的外型與蠍子十分相似，但無毒。不過被世人誤以為是蠍子以後，塞爾凱特的故事才廣為流傳。塞爾凱特可說是因為以訛傳訛才廣受信仰的罕見女神。

梅爾賽格爾

mr.s gr/Mertseger

又譯 麥里特塞蓋爾 等

帝王谷的守護女神

將坐落於底比斯西岸的帝王谷山峰神格化之後的女神，就是梅爾賽格爾。

底比斯為埃及王朝的首都，位於此地的帝王谷則因為法老陵寢而成為舉世聞名的處所。在此看守陵墓的梅爾賽格爾，也因而擁有與墓地相呼應的暱稱——「喜愛沉默的女子」與「喜愛寂靜的貴婦人」。

梅爾賽格爾的外貌為眼鏡蛇，通常以眼鏡蛇首女身的形象示人，但有時也會直接被描繪成昂首威嚇敵人的眼鏡蛇。至於為何梅爾賽格爾會以如此駭人的模樣入畫，是因為她是看守法老陵墓，嚇阻盜墓者與宵小的守護女神。被認為等同於底比斯法老墓地之山峰的梅爾賽格爾，相傳選擇化身成棲息於沙漠墓地的蛇來作為自身的樣貌。

梅爾賽格爾如同外表所見，並非性情溫和的神祇。尤其是對盜墓者與犯罪者，絕對不會善罷干休。她會將毒液噴向盜墓者令其失明，手段相當可怖。她還具有與死亡相關的別名，像是「死者之國女主人」或「日落之地女主人」等等。

雖然梅爾賽格爾不好惹，但相傳她對於行事端正以及擁有正確信仰者而言將會帶來恩澤，因此在其信仰地區一帶設有為數眾多的神殿與小聖堂。

梅爾賽格爾的名字自中王國時期便已出現，但要等到進入新王國時期後，才開始廣受人民信仰。法老對她的重視，遠不敵她在民間的高人氣。其中尤以住著許多造墓工匠的德爾麥地那（Deir el-Medina）居民最為虔誠篤信。據悉工匠們因擔憂費盡心血打造的「作品」被盜墓者挖走，會獻上石碑與供品，以求梅爾賽格爾保佑。

Ammut

阿米特

又譯 阿姆特等

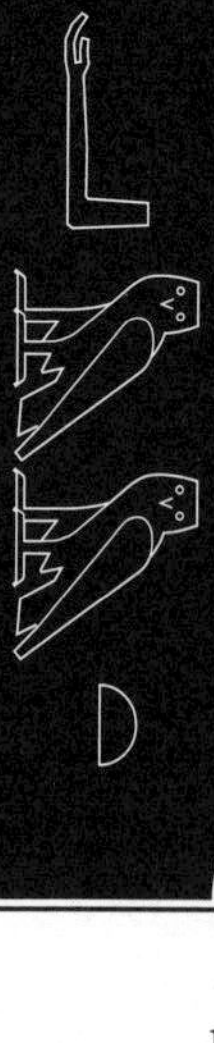

令埃及人們深感恐懼的怪獸

阿米特出現於《死者之書》中最著名的橋段，是在審判亡者的「心臟計量儀式」中待命的怪獸。阿米特的外型為鱷魚、獅子與河馬的混合體，顯得相當詭異，會待在天秤前緊盯著亡者的心臟不放。在死後審判中吃掉說謊或生前作惡多端的亡者心臟，這項駭人的任務就是由阿米特所負責的。

神獸：河馬

阿米特的下半身被描繪成河馬。如今埃及已不存在河馬，但河馬是尼羅河特有的動物，在古埃及被視為神獸。也就是說，阿米特是同時具有神與魔這兩種面向的生物。附帶一提，母河馬被認為能為人們帶來恩澤，而被當成女神崇拜，是孕婦守護神塔沃里特（Taweret）的神獸。

緊盯著亡者心臟的女神

頭部為鱷魚、上半身為獅子、下半身為河馬，外型媲美奇美拉（chimera，譯註：希臘神話中的噴火三頭怪獸）的阿米特，較近似於怪物而非神祇。名字代表「狼吞虎嚥者」之意的這位女神，象徵著死後待受的報應，因此既沒有神殿也沒有信徒追隨。阿米特是出現在古埃及人死後導覽手冊《死者之書》的生物，而且是一位其來有自的女神。

阿米特的名字擁有「貪食靈魂者」的意涵，而她所負責的任務只有一項：在審視亡者生前作為的「心臟計量儀式」後，對審判結果行刑。此儀式由冥神阿努比斯[→P80]將亡者的心臟與真理女神瑪亞特[→P162]的羽毛放上天秤，接著眾神會對亡者生前的作為提出問題，若亡者所回答的內容為真，心臟與羽毛就會等重；若內容造假，天秤就會傾斜。若能通過審判，被證實為善人，亡者就會被帶往樂園；若為惡人，亡者的心臟就會被阿米特一口吃掉。

對埃及人而言最為恐怖的怪物

對於相信死者能復活的古埃及人來說，心臟是死後復活所不可或缺的器官。製作木乃伊之際，幾乎所有的內臟都會被移放到其他的罈罐裡，只有心臟會被安置於肉體內。換言之，若被阿米特吃掉心臟，就等於迎來第二度的死亡。如此一來人便無法復活，等於直接被推往黑暗深淵。對埃及人而言，可說是他們最大的恐懼。

令人們退避三舍的阿米特，與其相關的記述僅出現在喪葬用的莎草紙本裡。《死者之書》第125章中，端坐在天秤前、目不轉睛地注視著亡者心臟的模樣，是阿米特最知名的形象。至於為何她會被畫成鱷魚、獅子、河馬的混合體，是因為古埃及人十分畏懼這些生物。一想到有如此可怕的猛獸伺機吃掉自己的心臟，人們就會覺得生前必須好好做人……或許是為了勸戒人們向善才創造出阿米特也說不定。

貝努

Benu / bnw

又譯 奔努 等

成為菲尼克斯原型的神鳥

鳥在埃及被視為神聖動物，面貌為鳥類的神祇也很多，譬如天空之神荷魯斯〔→P66〕、智慧之神托特〔→P46〕、太陽神拉〔→P122〕等，皆為鳥首人身。埃及神話中出現過許多神鳥，其中被認為最神聖的則是貝努。貝努的外型類似巨型蒼鷺或鶺鴒，但世上其實不存在著貝努這種鳥類，因為牠是想像中的生物。

無論是貓、蛇或青蛙，動物神在埃及神話中大多以擬人化的方式呈現，不過貝努通常直接被畫成鳥類的模樣。據悉牠原本被塑造成小型鳥類，隨著時代演變，體型愈來愈大。

在創世神話中也可見到貝努的身影。相傳牠所說出的第一句話，劃破世界的寂靜，令世界動了起來。而且據說其誕生時降落在奔奔石上，而奔奔石則是赫利奧波利斯神話的聖石，被認為是「第一道曙光照耀之處」而為人所供奉，是與太陽有極深淵源的石頭。甚至還有神話描述，就連太陽都是從貝努所下的卵中誕生的。因為這層緣故，貝努與太陽神拉也有很深的關聯，甚至連代表太陽神的象形文字，都使用了貝努鳥圖騰。後來貝努也與歐西里斯神話融合，衍生出貝努是誕自冥王歐西里斯〔↓P50〕心臟的故事。貝努之所以與靈魂有如此密切的連結，是因為古埃及人相信靈魂會呈現出鳥的形狀。

貝努活滿500年後，會以自焚的方式從熊熊烈火中重生，獲得新生命；接著將自焚死去的父親遺體製成木乃伊，運往拉神殿。貝努即代表靈魂本身，也是死者的守護神。日後希臘人則以貝努為雛型，創造出不死鳥菲尼克斯（Phoenix）。

哈特梅希特

Hatmehit

謎團重重的魚女神

哈特梅希特是被歷史埋沒的魚女神。她原本似乎是在門德斯（Mendes）廣受信仰的女神，但詳情並未流傳至現代。這是因為，門德斯地區信仰公羊頭神巴奈布傑特（Banebdjedet），而哈特梅希特則以妻子的身分被吸收統合。也因為這樣，這位小女神僅只被描繪在壁畫上，成為被世人遺忘的存在。

哈特梅希特在壁畫中為頭頂著魚的人類女子。有人主張那條魚是海豚，不過最為有力的說法則是實際棲息於尼羅河的北非鯰。哈特梅希特即為北非鯰擬人化而成的女神。

在埃及神話中，貓或青蛙等各式各樣的動物皆被擬人化。這些生物多半被認為討喜吉利，並被當作神聖動物，然而「魚」在埃及人心目中卻是不潔之物。放眼全世界，的確也甚少有魚神存在。希臘神話中雖有海之女神登場，但身軀為魚類者大多是妖魔。魚在埃及被視為禁忌，很少成為神的象徵。這點從法老與貴族不吃魚，以及禁止將魚當成供品帶進神殿或墓地便可見一斑。

儘管法老討厭魚類，不過還是存在例外，某些魚類甚至被當成了具有神聖象徵的神聖動物，像是鯰魚與鰻魚等等。有時也會罕見地在遺址中挖到魚木乃伊，可見老百姓似乎還是挺愛魚的。哈特梅希特或許也是同樣受到民眾喜愛的女神也說不定。

雖然有畫像與壁畫可供參考，但哈特梅希特究竟是什麼樣的神祇，發展出什麼樣的故事卻不得而知。關於哈特梅希特的軼事，唯一只知道她被稱為「魚類中最初的魚」。過去可能曾經廣受信仰的魚女神，如今可謂一切成謎。

梅傑德

Medjed

《死者之書》之一的格林菲爾德莎草紙卷所描繪的梅傑德樣貌

透過社群媒體在現代重見天日的神祕神祇

梅傑德在某種意義上算是在日本引爆埃及神話人氣的功臣。然而，這號人物究竟是否真的是神、是男神還是女神全都無從得知。

唯一留有梅傑德圖像的文本為《死者之書》。其樣貌則是全身罩著一件類似床單的布匹，身體為圓錐形，只露出一雙腳和目視著前方的大眼睛。梅傑德圖像並非埃及壁畫常見的側面畫法，而是臉朝正面，模樣古怪到令人留下深刻印象。其身旁則有祭司行禮敬拜，由此可知梅傑德擁有崇高的地位，足以令人崇拜。

這位外型相當不可思議的神祇於二〇一二年隨著展覽在日本露面，經由世界最長的死者之書《格林菲爾德莎草紙卷（Greenfield papyrus）》擄獲眾人眼球。對其樣貌大感驚奇的觀展者透過社群媒體瘋傳梅傑德圖像，令其人氣一飛衝天，甚至還製作了有他（？）出演的動漫。梅傑德可說是一切成謎，卻因網路迷因而爆紅的神祇。

如同前文所述，梅傑德實際上究竟是何身分仍不可考，就連可稱之為唯一紀錄的《格林菲爾德莎草紙卷》當中，也僅出現過2次。有一說主張梅傑德不是人類，可能是棲息於尼羅河的魚，但至今依舊沒個定論。

根據梅傑德唯一串場過的書籍《死者之書》的解釋，梅傑德這個名字的意思為「打倒者」，然而，梅傑德是否真是其名號也是個謎。書中還記載梅傑德住在冥王歐西里斯〔→P50〕的家中，能從眼睛發射光芒來打倒敵人。而其樣貌則代表著「不可見」之物。研判這個只露出眼睛的外型是在表達「看不見」的概念。這位不可見的神祇，歷經歲月流轉，於今時今日重現風采。

貝斯與妻子貝絲特（Beset）。
貝絲特為貝斯的女性樣態，不被單獨信仰，通常與貝斯一同入畫
（羅浮宮館藏）

第4章 太陽與王國守護神

Ra/r^{c}(w)

拉

又譯瑞／賴等

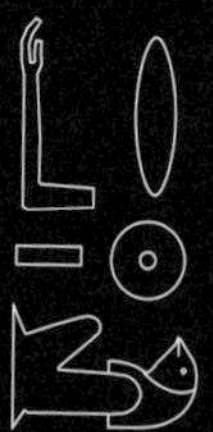

巡迴於死亡與再生之境的太陽神

拉是在埃及全境具悠久信仰的太陽神。其與赫利奧波利斯的太陽神阿圖姆［→P38］、底比斯最高位主神阿蒙［→P142］融合並持續擴張勢力。為了師法其強大影響力，法老們遂自稱為「拉之子」。太陽神每日搭乘天空之船搬運太陽；隨著日出而生，日落而亡，周而復始展開通過冥界再復活的航行。

神獸：遊隼

翱翔高空的遊隼乃天空的象徵。牠也因而被視為與天空關聯甚深之神的神獸，例如司掌太陽的拉與司掌天空的荷魯斯［→P66］。

法老的拉之子名

自稱為拉之子的法老們，出生時的名字皆以「Sa-Ra（拉之子）」為開頭作為「拉之子名」。現在我們所通稱的法老王名，基本上皆為拉之子名。

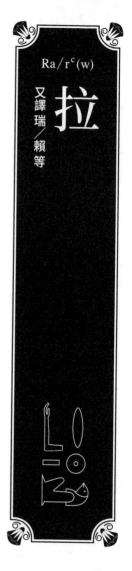

於各個時代、地域為人所信奉的太陽神

既能透過溫暖的陽光孕育生命，有時也會造成乾旱令人們感到恐懼與絕望的太陽，在許多神話中往往被描述成擁有絕大力量的天神。這點放諸埃及神話的太陽神拉亦然。一般而言，埃及神祇會隨著時代與地域而出現信仰程度的落差，然而，無論在哪個時空或場域，拉永遠都具有強烈的影響力，地位獨樹一格。

這可歸因於拉神信仰淵遠流長，在前王朝時期便已形成的緣故。太陽最初會受到人們的崇拜可說是相當自然的發展。在早王朝成立時，拉神信仰圈已遍及埃及全境，甚至還擴展到國外的部分地區。為了將自身地位正當化的法老們，於是利用了拉歷久彌新的神威。第四王朝的拉傑德夫（Djedefre）自封為「拉之子」，而埃及對拉的信仰則於第五王朝進入巔峰期。在中王國時代將首都遷往底比斯後，拉便與當地的守護神阿蒙融合，而被稱為阿蒙・拉。

在赫利奧波利斯創世神話中，阿圖姆被視為造物神，在盛行太陽神信仰的這塊土地，阿圖姆遂與拉被視為一體，拉亦被當作造物神崇拜。此外，於赫利奧波

利斯近郊廣受信仰的糞金龜神凱布利〔↓P128〕也是太陽神，被認為等同於拉，太陽神神格也隨之產生變化，發展出凱布利代表日出、拉代表中午、阿圖姆代表日落的神話。

日復一日展開浩浩蕩蕩的航行

司掌太陽的拉最主要的職務就是確保太陽的運行。而拉則在這個每日例行公事中，反覆誕生與死亡。早上以凱布利之姿出生，日正當中後變回拉，照耀世界，接著成為阿圖姆迎接死亡，夜晚則以羊頭神形象現身，通過冥界，隔天早上再度誕生為凱布利，冉冉升起。

這一連串的過程則被描寫成浩瀚壯闊的航海神話。拉每天早上被天空女神努特〔↓P44〕生下，從支撐著天空的群峰東邊的2棵西克莫無花果樹之間穿過，搭乘白晝之船「曼傑特（Mandjet）」出航。船上則有智慧之神托特〔↓P46〕和沙漠之神賽特〔↓P60〕同乘，他們負責排除惡蛇阿波菲斯〔↓P130〕的妨礙，一路往西航行。拉會隨著日落死亡，再換搭夜晚之船「麥塞克泰特（Mesektet）」，依循著由亡者魂魄化成的星星前往冥界。一行人擊退變得更為凶暴的阿波菲斯後，拉會與冥王歐西里斯〔→P50〕合而為一，稍事休息，再度被努特生下，展開新航行。

拉的太陽神話有很多不同的傳說，其中亦存在著，航行於天空的拉被努特吞下肚，穿過其胎內而再度誕生的版本。

有時也會被利用來助長其他神祇的威風

另一方面，拉有時也會被描寫成虛弱無力的老人。其中最為露骨的莫過於講述荷魯斯與賽特之爭的神話。故事中的拉不但垂垂老矣到流淌著口水，甚至還中了荷魯斯之母伊西絲〔→P56〕的計謀，失態說出不得令任何人知曉的自身真名。除此之外，還有故事描述，人類瞧不起年老的拉，拉大為惱火而命令女兒塞赫美特〔→P132〕懲罰人類，沒想到塞赫美特竟對人類展開屠殺，拉才慌忙出面制止。

藉由貶低拉的神格，好讓同一神話中的其他神祇能展現優越感，提升神威。反過來說，將拉描寫得一無是處，其實就是拉擁有眾所公認的強大權威之證明。

與拉有關的人物相關圖

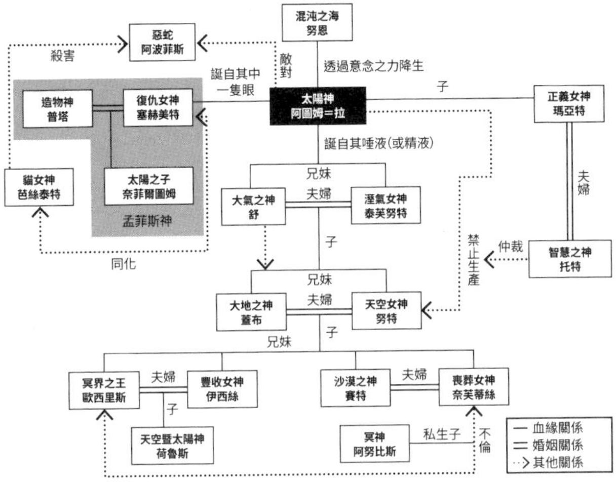

在埃及神話中擁有重要地位的拉，在日本娛樂產業中則經常被設定為特殊角色。拉在《女神轉生》系列中，被命名為阿蒙・拉，屬於高等級仲魔，為主角提供助力。此外，在手遊《埃及之戀！（エジコイ！）》中則有名為拉老師的人物。其他像是賽馬界於二〇一三年一哩冠軍賽獲勝的太陽神驥Tosen Ra，便是取自拉之名。

凱布利

Khepri / hpri

又譯 荷普利等

有著糞金龜頭的破曉太陽神

埃及神話中有很多頭部造型極具視覺衝擊力的神祇，像是遊隼或獅子等等。其中最為搶眼的莫過於凱布利。因為其頭部竟然是一隻蜣螂，也就是所謂的糞金龜。

就日本人的觀點來看會覺得很疑惑，但在埃及，糞金龜被稱為聖甲蟲(Scarab)，是搬運太陽的神聖生物。換言之，聖甲蟲為凱布利的化身，即代表凱布利也相當於太陽神。在古埃及人眼裡看來，聖甲蟲滾糞球的模樣就好比太陽起落的過程。

而當時在闡述誕自糞球的幼蟲時，與現代有不同的解釋。實際上幼蟲是透過產卵出生並以糞球作為營養來源，但古埃及人卻誤以為幼蟲是從糞球中自然產生的。因此，凱布利的名字是從意為「產生」、「生成」等動詞演變而來的。

自然產生的聖甲蟲乃自我創造的象徵，凱布利因而與赫利奧波利斯的太陽神阿圖姆〔↓P38〕被視為一體，而阿圖姆又與太陽神拉〔↓P122〕融合，凱布利遂成為造物的太陽神，擁有無法撼動的地位。由於神祇之間會出現融合與同化的現象，因此埃及神話的太陽神不只一位，而且神格會隨著時段而變化，早上為凱布利、中午為拉、夜晚則是阿圖姆。凱布利之所以被視為旭日之神，與其代表「產生」之意的名字有很大的關係。於夜晚死亡的太陽通過冥界後，再度成為凱布利，從天空女神努特〔↓P44〕體內產生形體。

由於凱布利未有獨自的神殿與祭儀，只能將太陽神的中心神格讓給拉。不過，供奉阿蒙・拉的底比斯卡納克神廟等處，則留有大規模的聖甲蟲石像，由此可知凱布利被視為重要神祇，為人所崇拜。在新王國時期（約為西元前一五七〇年～前一〇六九年）的法老，圖坦卡蒙〔↓P192〕的遺物中，亦發現扛著太陽的聖甲蟲胸徽。

阿波菲斯

Apophis / ^{c}3pp

又譯 阿佩普 等

妨礙太陽神航行的邪惡大蛇

被形容為可怕、危險、邪惡之物，以大蛇形象示人的阿波菲斯，與其說是神，其實更像是妖魔。他仇視太陽神拉［→P122］，在拉為了執行太陽運行的出航過程中百般阻撓，終被擊退。然而雖說被擊敗，但阿波菲斯擁有超強的攻擊力，光是一個瞪視就能令拉與隨行的神祇們不敢輕舉妄動。與阿波菲斯激烈爭鬥的主力為沙漠之神賽特［→P60］，只有他不畏懼阿波菲斯的招數，進而打敗這條大蛇，守護了拉。不過，隨著歐西里斯神話廣為流傳，賽特被視為惡神，逐漸與阿波菲斯同化，融為一體。阿波菲斯不僅會直接襲擊拉，還會蜷曲身體幻化成「沙洲」、喝光流經天空的河水，意圖讓拉所乘坐的船隻觸礁。

身懷強大力量的阿波菲斯，直到中王國時期（約為西元前二〇五五年～前一六五〇年）以後的金字塔銘文才出現與其相關的神話。也就是說，相較於自古王國時代（約為西元前二六八六年～前二一八一年）誕生前便已受到人們崇拜的拉，阿波菲斯是相當後期才問世的神祇。人們對於黑暗的不安與恐懼逐漸凝聚轉化成阿波菲斯的神格，而其暗黑的特性與光明無法相容，因而被塑造成拉的敵人。

進入新王國時代後期，阿波菲斯亦被視為引發暴風雨或地震等自然災害的元凶，為了解除其威脅，《阿波菲斯之書》這本咒術書也應運而生。喪葬文書《門之書》描述，豐收女神伊西絲[→P56]與其他神祇聯手撒下魔網活逮阿波菲斯，將其碎屍萬段。書中便根據此神話，記載著將蠟製的模型蛇斬成好幾段，丟入火中焚燒的咒術。相傳祭司們每天都會進行此儀式以求消災解厄。阿波菲斯雖成為徹頭徹尾的大反派，但反過來說，人們會因為他被打倒而感到心安，也可說是另類的守護神吧。

塞赫美特

Sekhmet / ṡhmt

又譯 塞赫麥特／賽克邁特 等

同時擁有破壞與慈祥2種面向

塞赫美特為太陽神拉［↓P122］的女兒，名字為「女強人」之意。她是孟菲斯造物神普塔［↓P136］的妻子，與兒子奈菲爾圖姆［↓P138］三人被視為孟菲斯三柱神，受到崇拜。法老們則特別愛強調其好戰的一面而虔誠敬拜。不過，她原本就具有殘忍與仁慈這2種特性，並與許多司掌溫情的女神融合。

神獸：獅子

獅子是象徵太陽的神聖動物。塞赫美特為獅子頭，這可說是身為太陽神拉之女的佐證。百獸之王的強大威力被認為能夠避邪，人們因而喜好以獅子像來守護神殿入口或王位。

孟菲斯三柱神

普塔、塞赫美特、奈菲爾圖姆三神。他們以造物神一家之姿，在孟菲斯備受崇拜，後來在底比斯也因為其遠古時代的出身背景而獲得人民的尊崇並廣受信仰。

誕生自太陽神之眼的殺戮女神

頭部為母獅子，容貌相當有特色的塞赫美特，自古以來就被認為是太陽神拉的女兒，同時也是拉的守護者。因此，一般認為她也會保佑身為拉之子的法老，自古王國時期便深受信仰。

進入中王國時期後，塞赫美特成為孟菲斯造物神普塔之妻，與兒子奈菲爾圖姆三人被視為孟菲斯三柱神，信仰更為興盛。與此同時，也逐漸開始強調塞赫美特的破壞性。相傳名字為「女強人」之意的塞赫美特，作戰時的武器為灼熱的氣息與能夠射穿心臟的箭矢。這份強大的破壞力，對於想確立統治權力的法老們而言無疑極富魅力。

在描述人類侮辱年老拉神的故事中，怒火中燒的拉憤而挖出自己的右眼，繼而生出塞赫美特。受父命除掉人類的塞赫美特，殺人不眨眼，半點不留情，人類因而瀕臨滅亡的危機。總算自覺做得太過火的拉，雖有意制止女兒，但塞赫美特實在太過強悍，聯合眾神之力也敵不過她。於是，拉準備了顏色與血液相似的鮮紅啤酒將塞赫美特灌醉，並趁此空檔消除其殘暴性，事情才總算得以落幕。

與許多慈悲為懷的女神融合同化

被封印住暴虐性情的塞赫美特，日後則成為象徵溫情與多產的貓女神芭絲泰特〔→P86〕。研判這是因為塞赫美特的獅子頭與芭絲泰特的貓頭相似，進而達成相互融合。乍見之下或許會覺得兩者性格完全相反，根本是硬湊，但實際上，塞赫美特原本的神格是相當慈悲為懷的。

古埃及將疫疾稱為「塞赫美特的使者」而深感恐懼，不過，相傳塞赫美特亦扮演著防禦和治癒疾病的角色。因法老的意向而被塑造成殘暴女神的塞赫美特，其實擁有治癒力，能保護人們不受病痛侵擾，原本就是一位具有疼惜眾生慈悲心的女神。因此，塞赫美特亦與愛與美之女神哈索爾〔→P156〕、母性女神姆特〔→P148〕融合。

不僅如此，塞赫美特會使用法術治癒疾病，因而也被視為等同於擅長法術的豐收女神伊西絲〔→P56〕，與許多女神皆有所關聯。

普塔

Ptah / ptḥ

又譯 布塔 等

以孟菲斯造物主之姿而被崇敬的技藝與藝術之神

普塔是起源相當久遠的埃及神祇之一，據信原本為孟菲斯的地方神。他因司掌技藝與藝術，主要受到工匠等手工業者的信仰。普塔流傳於世的圖像通常未戴頭冠，留著類似平頭的髮型，但也有人主張這並非平頭，而是戴著一頂貼合頭部的工匠帽。

原本只是地方神的普塔，於古埃及統一王朝誕生後，際遇有了巨大轉變。當第一王朝將首都設在孟菲斯後，當權者為了掌握人心而將普塔塑造成創世的造物神。掌管「創造新事物」的普塔，正是造物神的不二人選。因此，孟菲斯創世神話內容基本上與赫利奧波利斯相同，兩者不同之處則在於，世間萬物皆產自普塔的意念。普塔透過從心臟生成的思想，以及從舌頭生成的話語，創造了太陽神阿圖姆〔→P38〕，並命其造出大地與眾神。

成為孟菲斯主神的普塔，與同樣自古以來在孟菲斯廣受信仰的獅子女神塞赫美特〔→P132〕，遂被認為是夫妻，再加上兩人的孩子奈菲爾圖姆〔→P138〕，三人被奉為孟菲斯三柱神。此外，孟菲斯還相當盛行象徵豐收的聖牛阿匹斯信仰，阿匹斯因而與普塔形成連結，公牛則被視為普塔的神獸。

不僅如此，普塔還與孟菲斯的大地之神塔添能（Tatenen），以及喪葬之神塞克（Seker）融合，而成為普塔・塔添能、普塔・塞克。這是因為普塔曾被畫成木乃伊，而與治理地下世界的塔添能，以及司掌喪葬的塞克形象重疊所致。普塔・塞克又與冥王歐西里斯〔→P50〕融合，而演變為普塔・塞克・歐西里斯。後來在埃及被羅馬統治後，普塔則被認為等同於希臘神話的工藝之神赫菲斯托斯（Hephaestus）。

奈菲爾圖姆

Nefertem / nfr-tm

又譯 奈夫頓 等

據信為蓮花神格化的造物神之子

奈菲爾圖姆多半被描繪成頭戴蓮花冠的青年，一般普遍認為其起源為下埃及東方的三角洲地帶。原本他似乎只在一小部分地區受到信仰，在埃及統一王朝將第一座首都設於孟菲斯後，奈菲爾圖姆遂被認為是榮登該地造物神寶座的普塔「→P136」與妻子獅子女神塞赫美特「→P132」的孩子，成為孟菲斯三柱神之一。

奈菲爾圖姆之所以會被認為是普塔之子，原因就在於蓮花所帶來的聯想。在普塔所創造的世界裡，蓮花自原初之水現形，接著成為太陽。人們認為這朵蓮花的神格化即為奈菲爾圖姆。因此，有時奈菲爾圖姆也會單純以蓮花形象示人。蓮花之所以令人聯想到太陽則源自其太陽升起時開花，太陽下沉時閉合的習性。

而且，由於太陽誕自蓮花的緣故，蓮花與太陽神拉〔→P122〕也有很深的關聯，兩者也曾被認為是一體。被視為等同於拉的奈菲特圖姆，代表其個人標誌的蓮花也被畫在拉所搭乘的船隻上。此外，相傳奈菲爾圖姆亦為太陽的兒子，因此也有人認為他等同於拉的兒子荷魯斯〔→P66〕。

這樣沾親帶故的情節發展，的確很符合埃及神話的風格，不過奈菲爾圖姆的進化腳步可沒停下來。他與天空之神荷魯斯融合後，獲得了光明之力，同時也擁有戰鬥之神的屬性，與身懷黑暗之力的沙漠之神賽特〔→P60〕敵對，還與底比斯的戰神蒙圖〔→P140〕形成連結。奈菲爾圖姆司掌戰鬥的神格，應該是承襲自凶狠冷酷將人類逼到瀕臨滅亡的塞赫美特血脈吧。

當然，奈菲爾圖姆亦具有蓮花本來的性質。由於蓮花香氣高雅宜人，奈菲爾圖姆亦被當成芳香之神崇拜。這個既華貴又優雅的一面，完全吻合其身為至高神之子的形象。

蒙圖

Montu / mntw

又譯 門圖／門修 等

受政治權力操弄的底比斯軍神

埃及神話中出現許多頭部外型為遊隼的神祇，其中，蒙圖的頭頂太陽圓盤與聖蛇，並裝飾著2根羽毛，相當有特色。這2根羽毛亦出現在其單純以遊隼形象示人的時候，可用來當成區分他與太陽神拉〔↓P122〕和天空之神荷魯斯〔↓P66〕的標記。蒙圖通常手持名為霍佩什（Khopesh）的彎刀或長矛，自古以來便在底比斯一帶被當成司掌戰爭的神祇崇拜。蒙圖最為受到信仰的時期，則是中王國時代的第十一王朝。以底比斯為據點的第十一王朝與立基於赫拉克來奧波利斯（Heracleopolis）的第十王朝並立，在前者打敗後者後，上下埃及再度統一。在這個以力制力的時代，像蒙圖這樣的武神便會為人所歌頌稱讚。

此外，第十一王朝的法老們為了主張自身的正統性，必須另立神祇來作為主神，與以往至今備受信仰的太陽神拉分庭抗禮。就這一點來看，蒙圖信仰勢必得營造得相當盛大才行。拉神信仰圈的中心地赫利奧波利斯，古埃及語為「優努（Iunu）」，而蒙圖信仰的中心地為「優尼」，兩者發音相似，在古埃及習於以諧音來做文章的影響下，人民很自然地便接受了主神從拉交替為蒙圖的這件事。

然而，蒙圖的天下卻未維持太久。由於第十二王朝與第十一王朝由不同王族所開創，因此又需要新立主神。蒙圖就這樣被太陽神阿蒙〔↓P142〕取代，退居為一介神祇。

話雖如此，蒙圖信仰並未式微，進入與外國激烈交戰的新王國時代後，蒙圖亦加入拉與阿蒙融合後所形成的阿蒙・拉陣容。第十八王朝的法老圖特摩斯三世〔↓P188〕等則將自身比擬為蒙圖。遍布底比斯的蒙圖聖地，直到進入羅馬時代仍不斷持續地開發擴展，可見無論在哪個時代，人類追求強盛的心態是始終不變的。

Amen / imn

阿蒙

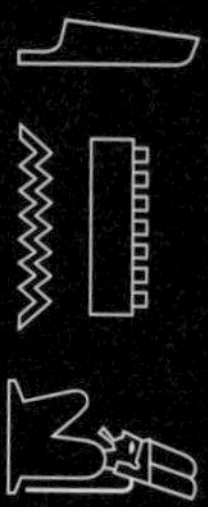

神格成謎，經反向操作後成為至高神

阿蒙是赫爾莫波利斯中的造物神八元神之一。他是司掌「隱藏之物」但詳情不明的神祇，反過來說，這點能讓人自由發揮、任意解釋，因而被尋求新正統性的法老拱上主神寶座。

阿蒙亦融入了生殖之神敏〔→P98〕與太陽神阿圖姆〔→P38〕的特性，最終與太陽神拉融合，成為阿蒙．拉。

神獸：鵝

鵝令人聯想到蛋，因而成為創造與誕生的象徵，是非常符合造物神阿蒙形象的神獸。

底比斯三柱神

由阿蒙、阿蒙之妻姆特〔→P148〕，以及兩人的孩子孔蘇〔→P150〕所組成的三大神。

阿蒙．敏

皆為豐收之神的阿蒙與敏融合後所形成的神祇。阿蒙有時也會因此被畫成陰莖勃起的狀態。

起源為八元神的其中一位

阿蒙的名字取自代表「隱藏」之意的動詞，而他則是探討埃及神話時不可或缺的神祇之一。這是因為他與太陽神拉等許多神祇融合，在埃及全境廣受信仰的緣故。

然而，阿蒙的起源意外地不起眼。原始版本的阿蒙源自赫爾莫波利斯創世神話，當時他的定位是從原初之海自然產生的神祇，只是奧格多阿達（Ogdoad）亦即8位造物神中的其中之一。而且，在這個神話中，阿蒙以自身的女性形態阿瑪烏奈特（Amunet）為妻，再加上一般都說他司掌「隱藏之物」，但具體上究竟是什麼樣的神祇卻不為人知。也因為這樣，儘管阿蒙是誕自遠古時代的神祇，但信仰圈的範圍不大，據信原本應該只是地方神，在底比斯一帶被奉為豐收之神。

隨著王朝時代揭開序幕，阿蒙這個曖昧不明的屬性反而成為助其一飛衝天的好機會。法老們認為阿蒙神祕莫測的背景，正好可以賦予各種解釋，自行創作發揮，而為其塑造出新的神格。

正因「深藏不露」方能多元融合

阿蒙從很早的階段便與大氣之神舒〔↓P42〕融合，將舒所具備的「賦予事物生命」的能力手到擒來。阿蒙所司掌的「隱藏之物」，與肉眼看不見但確實存在的大氣擁有很高的契合度。就此獲得掌控生命之能力的阿蒙，接著與據信為構成生命五要素之一，代表靈魂的巴概念形成連結，擁有掌管諸神之巴的權力，存在感大增。

此外，因同為與生命相關的神祇，阿蒙揉合了生殖之神敏〔↓P98〕的特性，亦被稱為阿蒙・敏。除了代表靈魂的「巴」之外，阿蒙的神獸之一、象徵豐收的公羊亦念作「巴」，由於兩者發音相似，埃及神話中常見的諧音助攻，在此又發揮了作用，促使兩者的融合。阿蒙最具代表性的神獸是鵝，但埃及神祇並非一人僅限一種神聖動物。此外，鵝因為鵝卵的意象，成為生命與創造的象徵，這點也與舒和敏的屬性十分吻合。

不斷與其他神祇融合而變得強大的阿蒙，原本的造物神神格終能有所發揮，遂與赫利奧波利斯的造物神阿圖姆融合。此階段的阿圖姆已與太陽神拉融合，因此阿蒙同時吸收了阿圖姆與拉的特性，被稱為阿蒙・拉。原本只有少數信眾的一介地方神，一路扶搖直上，晉升為造物神兼太陽神，擁有非比尋常的神格。

與此同時，阿蒙之妻已非阿瑪烏奈特，而被認為是母性女神姆特，再加上兩人的孩子孔蘇，被奉為底比斯三柱神。

獲得法老的崇拜而登上主神寶座

阿蒙勢如破竹地擴展勢力，簡直可用飛黃騰達來形容，但這並不是單憑民眾的虔誠信仰而產生的結果。倒不如說是因為法老利用他來進行政治操作所導致的局面。

最初將阿蒙立為主神的是中王國時代第十二王朝的首任法老——阿蒙涅姆赫特一世（Amenemhat I）。他出身平民，一般皆認為是透過發動政變而奪得王位，為了將自己塑造成有理有據的法老，必須利用新的主神來增加說服力。於是，他撤銷第十一王朝王族所信仰的底比斯戰神蒙圖〔↓P140〕的主神地位，將之變更為阿蒙。阿蒙與蒙圖同為底比斯神祇，再加上政情不穩定，貴族與祭司因而順從地接受。畢竟阿蒙能夠讓在位者自由發揮，任意解釋，豈有不善加利用的道理。過沒多久之後，埃及短暫受到異族希克索人的統治，在埃及打敗希克索人，展開新王朝時代後，阿蒙亦被賦予擊退異族的軍神神格，迎來了信仰的巔峰期。而他被視為造物神兼太陽神則始自第十八王朝期。

隨著阿蒙信仰的繁盛，阿蒙祭司的勢力也變得過於強大，阿蒙霍特普四世〔→P190〕發動阿瑪納（Amarn）革命，換掉阿蒙・拉，奉太陽神阿頓〔→P166〕為唯一真神，禁止阿蒙信仰。然而這項改革並未被徹底落實，阿蒙在阿蒙霍特普四世死後，立即恢復了主神地位。

據悉底比斯過去經常舉辦有關阿蒙的祭儀。尤其是阿蒙造訪盧克索神廟的第二、三月的奧佩特節（Opet），以及第十月的告慰身為阿蒙之子的法老在天之靈的河谷節，皆是非常重要的祭典。阿蒙不僅限於法老，亦廣為民眾信奉，因深得人心而被稱為「聽見窮人的呼喚而紆尊降貴前來的大人物」。從這一點也可得知阿蒙有多麼受到人們的敬愛。

Mut / mwt

姆特

起源是一大謎團的上下埃及之母

通常被描繪成頭戴裝飾著禿鷲皮與象徵上下埃及統治者雙層王冠的姆特，乃新王國時代（約為西元前一五五〇年～前一〇六九年）底比斯至高神阿蒙・拉的妻子。他們與兒子孔蘇〔→P150〕被奉為底比斯三柱神而受到信仰。

然而，在此之前的姆特卻少有資訊可供了解。至今仍無法從中王國時代以前的文獻或圖像獲得與其相關的情報，就連其起源地都無法判別，只能推測可能是底比斯附近的地方神。另外，阿蒙・拉的原型之一為太陽神阿蒙〔→P142〕，其妻子為女神阿瑪烏奈特，但在第十八王朝期（約為西元前一五七〇年～前一二九三年）姆特卻成為阿蒙・拉的太座，這段期間究竟出現何種轉折亦不得而知。

總而言之，新王國時代的最高位女神即為姆特。法老王后被認為等同於姆特，會配戴禿鷲冠。實際上，姆特的埃及文念法以及其象形文字「禿鷲」，皆代表「母親」之意。

被當成埃及全土之母而受到信仰的姆特，擁有許多稱號。其中最重要的稱謂是「兩國女主人」。兩國指的是上下埃及。此外，姆特也擁有與阿蒙・拉的原型之一——太陽神拉〔↓P122〕有關的稱號，規格則比照身兼拉神母親的努特〔↓P44〕，而被喻為「天空的女主人」，以及意為拉神優秀女兒的「拉之眼」。換言之，姆特既是拉的母親也是其女兒，同時還是阿蒙・拉的妻子。就日本人的觀念來看會感到矛盾，但在古埃及也有法老與女兒締結形式上的婚姻，因此人們似乎不認為有何古怪之處。

姆特還與豐收女神伊西絲〔↓P56〕、愛與美之女神哈索爾〔↓P156〕等形象優美的女神融合，亦與獅子女神塞赫美特〔↓P132〕形成連結。

孔蘇

Khons / hns̓w

又譯 孔斯 等

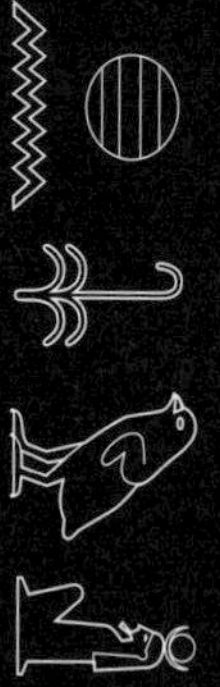

透過神祕力量支配生命的「夜之太陽」

進入新王國時代，首都設於底比斯後，阿蒙・拉取代了原本的戰神蒙圖「→P140」被視為至高神。而其妻子姆特「→P148」與兒子孔蘇則被奉為底比斯三柱神，特別為民眾所篤信。

孔蘇的起源地為底比斯，原本是在南方的康孟波（Kom Ombo）與西方的達赫拉（Dakhla）綠洲等地，擁有廣大信仰圈的神祇。在康孟波，孔蘇被認為是鱷魚神索貝克「→P152」和愛與美之女神哈索爾「→P156」的兒子。孔蘇的神格為月亮，配戴著由滿月和新月組成的頭冠，而新月即為孔蘇的象徵。新月令人聯想到銳利的刀刃，這亦成為孔蘇的武器。《金字塔銘文》記載著，手握新月的孔蘇殺害人類，並將之獻給已逝君王作為供品，而且自己也食人肉的血腥故事。

有一說主張，月亮在相傳發祥自古埃及的塔羅牌中，象徵神祕與不安。這樣的觀念實際上亦存在於古埃及，人們相信生物的健康和精神狀態會受到月亮影響，因此孔蘇是會帶來疾病也能治癒疾病的神祇。相傳第十九王朝期的法老拉美西斯二世〔↓P196〕，曾頒贈孔蘇像以求女兒的病能痊癒。代表孔蘇的象形文字使用了狀似圓墊的圖形，一般皆認為這應該是胎盤。據悉孔蘇的神殿亦被供奉過胎盤木乃伊。

而且，孔蘇的埃及文讀音可拆解成「胎盤」與「王」2個詞，他因而被認為是在母親胎內與王一同成長的雙胞胎。此外，古埃及人相信月亮是「太陽夜晚的形態」，因此由孔蘇來擔綱原型為太陽神拉〔↓P122〕的阿蒙．拉之子，可謂再適合不過了。他在新王國時代與天空之神荷魯斯〔↓P66〕融合，地位亦隨著當上天空神而提升。另一方面，他還與同樣司掌月亮的智慧之神托特〔↓P46〕融合，亦擔任書記官這個重要職務，記錄亡者靈魂審判結果。

Sebek / ꜣsbk

索貝克

又譯 蘇貝克 等

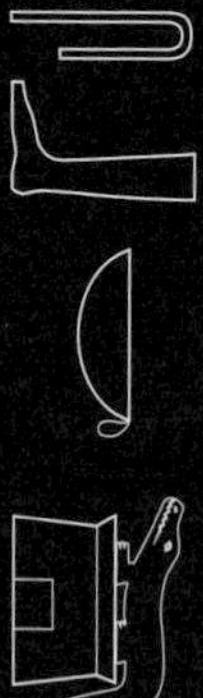

司掌生殖與豐收的尼羅河河神

索貝克為尼羅河與棲息於尼羅河中的鱷魚之神格化。他被稱為令女人懷孕的決定者、令作物與草木茂盛者、震怒發狂者。由此可看出，人們對於帶來新生命與豐穰的尼羅河有多敬畏，以及對凶暴鱷魚有多恐懼。索貝克約於第十三王朝時代成為法老之神，後來與拉【↓P122】融合，被視為太陽神。

神獸：鱷魚

索貝克的外型多半被畫成鱷魚頭人身。鱷魚也理所當然地被崇拜索貝克的信眾當成神獸。在索貝克信仰中心的法尤姆神殿等地，會以專用水池以及上等食材來餵養鱷魚，悉心照顧。而且也曾有鱷魚木乃伊出土。

起初並未獲得大神的規格待遇

索貝克是埃及自古以來所信奉的神祇，被認為是母性之神奈特〔↓P164〕的孩子。原本索貝克的人氣並不高，在主要神話中亦沒有以他為主軸的情節。不過，他是一位幫助其他神祇的好神，儘管只是配角也能有所發揮。在歐西里斯神話中，他協助伊西絲〔↓P56〕搜尋冥王歐西里斯〔↓P50〕四散的遺體，將散落於尼羅河中的屍塊送上岸。此外，在天空之神荷魯斯〔↓P66〕與殺父敵人沙漠之神賽特〔↓P60〕對戰之際，相傳索貝克亦助了荷魯斯一臂之力。還有一說主張，歐西里斯的遺體被打撈上岸之際，索貝克變身為荷魯斯。也因此緣故，荷魯斯與索貝克曾被視為一體。

憑藉著民眾的信仰而攀升為太陽神

令索貝克人氣扶搖直上的契機，則以遷都至篤信索貝克的法尤姆一說為最有力。第十三王朝的法老們有好幾位皆冠上索貝克之名。據流傳於法尤姆的神話所述，索貝克與太陽神拉有很深的淵源。因為這樣，索貝克遂被認為是拉的化身，進而與拉融合。被視為等同於太陽神的索貝克，相傳最終亦與希臘神話的太陽神赫利俄斯（Helios）同化。

索貝克的原型為鱷魚，對埃及人而言是非常可怕的存在。即便是現代，偶爾也會傳出鱷魚奪走人命的消息，令人感到驚懼，更遑論是防範對策比現代還要少的古代，肯定被視為一大威脅。實際上也曾發現有壁畫將鱷魚描繪成邪惡的一方，有些主張則認為鱷魚是惡神賽特的化身。儘管如此，索貝克之所以未被當成惡神，而是成為正派的法老之神，據悉是因為鱷魚所具備的強大力量與法老形象重疊的緣故。想掌握民心的法老意向，以及盼尼羅河賜予恩澤的民意，最終令索貝克攀上太陽神的高位。

Hathor / ḥwt-ḥr

哈索爾

又譯 哈托爾 等

司掌美與母性的偉大女神

哈索爾是在埃及擁有廣大信仰圈的女神，因司掌愛、美與母性，尤其受到女性的崇敬。哈索爾有時會被畫成母牛，有一說主張這是取自母牛守護小牛的意象，因為哈索爾會在產婦分娩時現身，守護母親與孩子。據信她會親自會見剛出生的嬰兒來決定其命運，因此亦被稱為命運女神。

無花果

哈索爾負責將無花果製成的食物遞交給前往冥界的亡者。

塞赫美特 [→P132]

一般皆認為戰鬥女神塞赫美特為憤怒時的哈索爾化身。

阿芙蘿黛蒂（Aphrodite）

希臘神話中的美與愛之女神阿芙蘿黛蒂也曾被認為等同於哈索爾。

透過愛的力量抓住人與神的心

在埃及一眾女神中，就屬哈索爾的人氣特別高。守護母親與孩子，象徵愛的哈索爾，深受女法老哈特謝普蘇特［↓P186］與克麗奧帕特拉［↓P206］信奉。不只是君王，全埃及的女性皆十分崇敬哈索爾。她亦於現代的手機遊戲《龍族拼圖》等許多作品中登場，清一色都被畫成面貌姣好的女性，美麗女神的形象深植人心，以另一種方式在信仰之外享有極高人氣。

哈索爾為太陽神拉［↓P122］的女兒，相傳同時也是其妻子。在歐西里斯神話中，天空之神荷魯斯［↓P66］與沙漠之神賽特［↓P60］爭奪王位時，許多神祇皆不支持賽特，反倒只有拉表態相挺，卻因為寡不敵眾而放棄協商。此時哈索爾使出了美人計魅惑拉，令他心花怒放，進而促使拉再度與眾神溝通對談。這段故事說明了哈索爾的美貌與性感魅力有多強大，就連固執不通的太陽神都會被打動。據信此神話的流傳，也成了吸引眾多女性信仰哈索爾的原因之一。哈索爾既是荷魯斯的母親亦身兼妻子的角色，因此也曾被認為等同於荷魯斯之母——豐收女神伊西絲【→P56】。

人氣旺就會很忙碌，這點連神也不例外

溫柔寬厚的形象鮮明強烈的哈索爾，也有具攻擊性的一面。她曾為了鎮壓反抗拉的人類，而打算來個殺無赦。當時她發狂失控大開殺戒，不斷襲擊人類。然而，拉並無意透過武力壓制來統治人類，遂準備添加了紅色色素的酒來平息事態。相傳怒火攻心變得嗜血的哈索爾，為了解渴而喝下了紅色的酒，並於酒醉後恢復冷靜。從這段情節與獅子女神塞赫美特【→P132】極為相似的故事便可知道，哈索爾與塞赫美特被連結在一起，成為另一個「拉之眼」。

據信哈索爾還身兼音樂、舞蹈、喪葬之神以及法老乳母等職務。高人氣令她與許多神祇形成連結，吸收各神所司掌的項目，因而成為如此多采多姿的大女神。

奈克貝特

Nekhbet / nḫbt

又譯 涅赫貝特 等

守護法老王冠的女神

奈克貝特通常被描繪成禿鷲頭女身，抑或頭戴白冠的禿鷲姿態的女神。其神獸亦為禿鷲。擁有高智商的禿鷲，自古以來便被視為聖鳥而備受保護。據信禿鷲神格化後所誕生的神祇即為奈克貝特。

奈克貝特的職責為守護法老所配戴的王冠，也可說是王冠的監護人。埃及法老王身負統治分裂的上下埃及2個王國的責任。因此會配戴代表上下埃及的2頂王冠。相傳掌管象徵上埃及之白色王冠的奈克貝特，會在加冕儀式時觀禮，賜予法老力量。也有一說主張奈克貝特本身就是王冠的擬人化。附帶一提，下埃及的王冠為紅色，由外型為眼鏡蛇的女神瓦吉特〔↓P192〕負責守護。奈特貝特與瓦吉特分別司掌太陽與月亮，被認為是相對應的關係。

一般皆認為奈克貝特具有強烈的母性，亦被稱為王之乳母。她也因為此緣故，與母性暨愛與美之女神哈索爾〔↓P156〕形成連結。此外，奈克貝特也曾與同樣司掌母性，以禿鷲為象徵的女神姆特有所連結，不過姆特被認為是奈克貝特的母親。不僅如此，她亦與掌管生產的青蛙女神赫克特〔↓P94〕形成連結。奈克貝特的其他身分為太陽神拉〔↓P122〕的女兒、天空之神荷魯斯〔↓P66〕的妻子。此外，還有一說認為她是鱷魚神索貝克〔↓P152〕之妻。

在奈克貝特被認為等同於在埃及全境廣受崇拜的哈索爾後，其信仰圈也隨之擴大。不過後來因與關係相對應的瓦吉特融合，外型逐漸與之同化，較常被描繪成眼鏡蛇。

瑪亞特

Maat／m3ᶜt

又譯 瑪特／瑪阿特等

律法與正義的神格化，亦為眾神的精神糧食

瑪亞特是以頭戴羽毛形象示人的女神，有時也會被描繪成擁有一對巨大的翅膀。相傳她是太陽神拉〔→P122〕創造世界時所造出的女兒，代表秩序、律法與真理。瑪亞特從未與其他神祇融合，或化身成其他形態，她被認為是萬物皆須遵從的法理，乃正義這項概念的神格化。瑪亞特並非在特定地域深受民眾信奉的神祇，而是以概念的形式普及全埃及。因此，據悉她不像其他主要神祇會被供奉於特定的神殿，人們也不太舉辦與其相關的祭儀。不過，瑪亞特曾被繪於其他神祇的神殿作為裝飾。

另一方面，她在神話中則扮演著重要角色。進行死後審判的過程中，瑪亞特所持的真實之羽和亡者的心臟會被放上天秤計量，以確認亡者所言是否屬實。此時則由智慧之神托特〔→P46〕負責確認天秤是否傾斜，因為這個關聯，有一說認為托特其實是瑪亞特的丈夫。

從與死後審判有關的神話當中可得知，瑪亞特與律法和裁判有很深的關係。從事律法和裁判相關事務者在古埃及被稱為「瑪亞特祭司」，會隨身佩帶黃金製的瑪亞特小像。而且，完全不見有任何神話描述瑪亞特與何人起爭執等這種會透露出真實個性的情節。瑪亞特的存在無疑等於絕對的真理。

瑪亞特還具有一項其他神祇沒有的特色，那就是會被當成獻給眾神的供品。相傳眾神必須經常將瑪亞特作為食物來補充涵養。法老亦曾將瑪亞特像當成供品，獻給自身的守護神。有一說認為，身為秩序維護者的法老，欲藉由此方式來強調自己致力守護內心之正義與真理。

奈特

Neith／ni(i)t

又譯 妮特等

同時具有母性與好戰性這2種神性

奈特被認為是母性之神，以及狩獵和戰爭之神，多半以手持弓箭與盾牌的女性形象示人，有些地區則會將其外型描繪成母牛。

特別值得一提的是，她同時存在著母性與戰鬥性這2種完全相反的神性。奈特從埃及最遠古時代直到最後一位法老下台，長久為人所崇拜。在如此久遠的歲月裡，可能因與其他神祇結合，司掌的項目變多，神性也隨之起了變化。

一般皆認為奈特是法老與王朝的守護神。法老會以武器祭拜奈特，奈特則會為法老除去路途上的障礙。也因為如此，據悉奈特亦是象徵法老力量的神祇。而且她還與同樣職掌此任務的狼神烏普奧特〔→P104〕形成連結。

由於烏普奧特負責引導亡者前往冥界，因此奈特也被認為與亡者和冥界有所關聯。據信，奈特供應製作木乃伊的繃帶，守護除了亡者心臟以外，收納著不同器官的「卡卜諾罈」。奈特也與負責同樣職務，監管木乃伊製作的冥神阿努比斯〔→P80〕有所連結。

在司掌母性方面，相傳奈特是提出讓人類懷孕、生產的發想者，而她的孩子則是鱷魚神索貝克〔→P152〕。至於哪一位神祇是其夫婿則未有明確的說法。

有鑑於此，一般認為索貝克為奈特獨自所生，奈特為性別不明的雌雄同體，既是母親亦是父親。有一說主張，奈特本身是誕自原初之海的造物神，創造了原初土丘，而且人類也是由她所造的，因而被當成造物主崇拜。

Aten / itn

阿頓

曾短暫地從太陽神躍升為唯一真神

阿頓原本是太陽神之一，據信是太陽光芒最盛之時的神格化。在第十八王朝期，阿頓因禁止人民信仰其他神祇的政策，而成為唯一真神。這項宗教改革不被習於多神教的埃及人所接受，僅實施幾年便遭到廢止，也令阿頓失去這短暫的至尊地位。

泰爾埃爾阿瑪納（Tell el- Amarna）

位於尼羅河東岸的遺址。在阿頓被立為唯一真神後，法老為了遷都而於此地建造名為阿赫塔頓的新都，在日夜趕工的狀態下完成阿頓神廟與王宮。然而，如同阿頓的至尊地位般，此地作為首都的期間也很短暫。在宗教改革告終，恢復原本的多神信仰的同時，首都又再度被遷回底比斯，此地遂成為廢墟。

因法老的一己之見而被拱為唯一真神

阿頓通常被描繪成遊隼頭男身，或是頭頂著象徵太陽圓盤的遊隼。不過後來在圖畫中所呈現的形象，卻宛如被喻為埃及十字架的「安卡」倒掛時的圓環狀。後者的形態研判是在其被立為唯一真神後才出現的。阿頓也曾與同為太陽神的拉〔↓P122〕被視為一體。

第十八王朝奉太陽神阿蒙〔↓P142〕為主神。此時期的法老不乏冠上阿蒙之名者。阿蒙霍特普四世〔↓P190〕亦為第十八王朝法老，卻篤信阿頓。他在當上法老後認為，必須要立一位令所有人尊崇的主神。而且相傳當時阿蒙祭司的權力過度膨脹，亦令他感到戒備。於是，阿蒙霍特普將同樣與拉有所連結的阿蒙換下，改立太陽神阿頓為唯一真神，禁止人民信仰其他神祇。

唯一真神的神性與信仰的終結

成為唯一真神的阿頓被視為孕育所有生命的造物主，乃全能之神。當權者將阿頓塑造為擁有慈悲為懷的神性，奉律法與正義女神瑪亞特〔↓P162〕為圭臬的神聖存在，並以此廣為宣傳。由於太陽便代表阿頓本身，因此人們也不再對著神像祈禱膜拜。而且當局還指稱法老與其妻子乃阿頓所指派的生命能量管理者，等同於阿頓的分身。

像這樣的宗教改革在埃及還是頭一遭，但內容其實近似其他的一神教。然而，埃及人民對一神教十分陌生，長久以來習於信奉各式各樣的神祇，因而難以接受這樣的改變。而且，相傳阿蒙霍特普四世投注過多的心力來進行宗教改革，以致荒廢內政。

當改名為阿肯那頓的阿蒙霍特普四世這位法老離世後，其兒子圖坦卡蒙〔↓P192〕隨即廢除了阿頓信仰。阿頓被奉為唯一真神的期間，僅短短維持了一代。

描繪膜拜太陽神的阿蒙霍特普四世與其家族的畫板。
這幅圖畫是從堵住泰爾埃爾阿瑪納王室墓地的瓦礫堆中出土的
（埃及博物館藏）

第5章 法老與英雄

納爾邁

Narmer

又譯 那爾邁 等

一統古埃及，成為王朝創始人的「統一君王」

約於西元前三〇〇〇年，當時仍分裂成尼羅河上游與下游的埃及，經由納爾邁之手完成統一，從此揭開古埃及早期王朝的序幕。納爾邁的名字意為「凶猛鯰魚」。

根據考古學研究，在上埃及的希拉孔波利斯（Hierakonpolis）出土的「納爾邁調色板（石板）」，描繪了納爾邁統一上下埃及的事蹟。這個調色板是用來提煉化妝品的工具，正反兩面皆刻有圖像與象形文字。表面有頭戴代表下埃及紅冠的納爾邁，以及公牛撞壞城牆、俘虜的屍體等圖像。背面則繪有化身為遊隼的天空之神荷魯斯〔→P66〕，以及站在逃之夭夭的敵人上方，頭戴上埃及白冠的納爾邁。遊隼單爪抓著繩子，繩子則與一名男子的鼻子綁在一起。據悉這可視為上埃及征服下埃及之意，而君王戴著紅白2頂頭冠亦為國家統一的佐證。

另外還存在著被認為是描繪納爾邁王權的岩石壁畫。這是在埃及南部於十九世紀出土，在考古學上被稱為「版畫（tableau）7 a」的岩石壁畫。根據近年的研究，學者專家們開始認為這是在描寫納爾邁的「王朝誕生」。這幅岩石壁畫中的王，與「納爾邁調色板」所描繪的王十分相似，頭戴白冠，手持權杖，還畫出了船隻組成船團的情形。推測這可能是在描述法老從尼羅河上游往下游移動，行遍全國的「荷魯斯巡幸」情景。在上埃及還留有名為蠍子大帝的法老威震天下的傳說。蠍子大帝即為納爾邁的說法亦相當有力，不禁令人想像起武力佔優勢的上埃及，征服坐擁肥沃三角洲地帶的下埃及情景。

Jeser

左塞爾

又譯 喬塞爾 等

下令建造埃及史上第一座金字塔的法老王

由納爾邁〔↓P172〕所開創的古埃及王朝，逐漸走向中央集權制。象徵法老王權威的巨大建築物——金字塔，遂於西元前二十七世紀的古王國時代第三王朝問世。首度展現在古埃及人眼前的金字塔，則是坐落於孟菲斯近郊薩卡拉（Saqqara）的階梯金字塔。相傳這是由第三王朝第二任法老左塞爾下令建造的。左塞爾這個名號是後世所用的通稱，當時他的遺物則刻著奈傑利克特（Netjerkhet）之名。在這個時代之前所建造的陵寢皆是名為馬斯塔巴（mastaba）的正方形墳墓。馬斯塔巴在阿拉伯語為板凳之意，據悉其外型如同其名，就像供人落坐的長凳般，由方形石頭平整堆疊而成。主導左塞爾王墓建設工程的則是宰相印和闐〔↓P176〕。據信印和闐為了替左塞爾打造超越歷代法老王規模的陵寢，而不斷將馬斯塔巴往上堆，最後形成了階梯狀。

階梯金字塔大約有62公尺高，在深達地下約28公尺處則設有墓室。包含入口與祭殿等處皆以牆壁圈圍，構成階梯金字塔複合體。這個大規模的金字塔與複合體構造，讓印和闐打響了建築師的名號。

階梯金字塔乃劃時代的建築，在這之後的法老們紛紛著手挑戰。第四王朝的斯尼夫魯王（Sneferu）建造了美杜姆金字塔（又稱崩塌金字塔）、彎曲金字塔、紅金字塔等。在斯尼夫魯王之後繼位的古夫〔↓P182〕則完成了埃及最大規模的金字塔，與接續即位的卡夫拉王（Khafra）、孟卡拉王（Menkaure）所興建的金字塔合稱為吉薩（Giza）三大金字塔。在這之後的第五、第六王朝亦持續建造金字塔，但規模逐漸縮小，最後完全劃下休止符。

印何闐

Imhotep／Imuthes

又譯 伊姆荷太普 等

以過人智慧對埃及多所貢獻的名宰相

一般認為埃及最古老的金字塔——薩卡拉的階梯金字塔是由左塞爾〔→P174〕的宰相印和闐所設計的。相傳平民出身的他，仕途順遂，一路晉升至宰相。他學富五車，在醫學、建築、天文學等方面亦有極高造詣。後世因崇敬其智慧而予以神格化。希臘人則將他與醫術之神阿斯克勒庇俄斯視為一體。

兼任托特祭司

印和闐亦身兼智慧之神托特〔→P46〕的祭司，深獲法老的信任。在尼羅河長達七年不曾氾濫，導致埃及陷入飢荒之際，當政的左塞爾詢問印和闐該如何是好，印和闐則建議法老向羊頭神克努姆〔→P92〕祈願。法老依照建議向克努姆神祈願之後，順利拯救了埃及。

構思出金字塔的萬能天才

在第三王朝的左塞爾王時代擔任宰相的印和闐，因設計了左塞爾的階梯金字塔而廣為人知。階梯金字塔是人類歷史上首座完全以石頭堆砌而成的建築物，身為設計者的印和闐無疑擁有出類拔萃的獨創性。

據悉在古埃及，最能讓平民出人頭地的職業為書記。原本並非出身王族的印和闐也是憑藉著學識而飛黃騰達的其中一人。他不但精通赫利奧波利斯教義，並擔任智慧之神托特的祭司，透過著述、醫學等知識來輔佐法老。而令他使出渾身解數，發揮畢生所學的則是前述的階梯金字塔。他傾注天文學與建物學方面的知識，僅憑著古代人的學識而建造出現存於世最古老的石造建築。這個天才型的金字塔建築工法，對後世的埃及帶來多大的影響自是無須贅述。

身為金字塔構思者的印和闐，做為一位工地主任也相當優秀，相傳他坐鎮指揮勞工建造金字塔的本領亦值得大書特書一番。

關於印和闐的出身有許多不明的部分，細節成謎。有一說指出他可能是來自美索不達米亞的外國人。據信印和闐長期為朝廷效命，直至第三王朝最後一位法老胡尼（Huni）的時代才退官，若傳聞屬實，他當時應該年近八十。這在當時可說是相當長壽。

印和闐也是十分活躍的醫師，據說世上最古老的癌症相關記述就是由他所撰寫的。內容記載著病患乳房出現腫塊，無論如何治療都不見好轉。也就是說，他可能曾進行過乳癌的觀察。印和闐的腦袋著實令人肅然起敬。

死後被當成神崇拜

根據左塞爾雕像台座所留下的碑文可知，印和闐被賦予了多項頭銜，諸如下埃及大臣、赫利奧波利斯大祭司、主任建築師等等，在在彰顯其傲人的功績。他那優秀的腦袋，在當時的人們眼裡看來或許宛如神仙。印和闐是除了法老以外，能在埃及名留青史的人物，光是這一點就很厲害了，而且他在過世後，甚至逐步神格化。

印和闐死後尚未經過100年，便已經被視為醫術半神，擁有神聖的地位。

而從他在世時的西元前二十七世紀過了1000多年後，在西元前十六至前十三世紀左右的新王國時代，他則被視為書記的守護者。相傳此時代的書記們在開始撰寫文章前，會先對著印和闐禱告一番。

據信印和闐是在第二十六王朝期（西元前七～前六世紀）左右完全神格化。他的神殿建於孟菲斯，不僅被視為書記守護神、知識守護神，還包含驅魔意味在內的醫術守護者。他更與崇拜智慧之神托特、造物神普塔〔→P136〕的風潮形成連結，廣受多數人民的信奉。據悉印和闐信仰圈為含括孟菲斯的薩卡拉地區與底比斯。

能獲得醫術的加持，是特別令民眾信奉印和闐的原因之一。相傳人們相信疾病能戲劇性地痊癒，都是印和闐保佑的緣故。在卡納克（Karnak）的普塔神殿還留有庶民懇切的碑文，祈求印和闐能託夢傳授治療法。埃及人們會來到此地朝聖，將祈求痊癒的病痛部位刻成雕像，供於印和闐神殿，求其救治。

亦擴展至希臘的印和闐崇拜

從末期王朝進入希臘、羅馬時代，印和闐的神格化更加有所發展。在這個時期，隨處都可見到印和闐的圖像。他穿著類似書記官的長裙，坐在寶座上，戴著貼合頭部的帽子，抑或以剃光頭、將莎草紙卷攤在膝蓋上的祭司形象示人。希臘人認為印和闐等同於希臘神話中的醫學守護神阿斯克勒庇俄斯（Asclepius），而予以敬拜。此外，因與普塔神有所連結的緣故，不知從哪個時代開始，還出現印和闐為普塔神與凡人女子所生之子的神話。印和闐甚至成了神之子。

古埃及史上最了不得的天才，不但死後名聲不墜，還吸引更多民眾信仰追隨，這番成就可謂世上罕見。

古夫

Khufu/Khnum-khufu

又譯 胡夫等

因巨型金字塔而千古留名的法老

因吉薩的大金字塔而名留青史的古夫，據信乃第四王朝時代（約西元前二六一三～前二四九八年）君臨天下的鐵腕法老。他通常伴隨著「壓榨奴隸建造金字塔」的形象，但近年的研究發現，修建金字塔的勞工其實受到良好的待遇。不過關於建造目的與方法至今仍舊存在著許多謎團。

吉薩三大金字塔

古夫、卡夫拉、孟卡拉3位法老的金字塔。其高深的技術與巨大規模之謎，至今仍是研究的標的。

斯芬克斯人面獅身像（Sphinx）

代表法老王的擬神化形態，抑或神所展現的特別形象。斯芬克斯一詞源自希臘文，古埃及並未使用這個詞彙，一般所聯想到的女性形態斯芬克斯亦為希臘版本，在埃及則為男性神祇。

2018

巨大金字塔真的是陵寢嗎？

三大金字塔坐落於僅距離埃及首都開羅14公里的沙漠都市吉薩。其中規模最大，高達147公尺的「大金字塔」則是在第四王朝的第二任法老古夫的時代興建而成。古夫的名字是在一八三六年，由霍華德・維斯（Howard Vyse）這位考古學家發現的。

大金字塔內部有收納君王棺木的法老墓室、目的不明的大迴廊、地下室等空間，但究竟是為了什麼目的而建造這種建築物則沒有定論。目前眾說紛紜，諸如陵寢說、天文台說、公共事業說、獵戶座信仰說、尼羅河氾濫時的防波堤說、日晷說等等。在這座金字塔內也並未發現古夫的木乃伊。

被後世之人塑造出「暴君」形象

古夫究竟是什麼樣的法老，直至今日也尚未被釐清。據古希臘作家希羅多德（Herodotus）所述，古夫是強迫人民服勞役的暴君，不過也有人認為，這是後來掌權的阿蒙祭司團因與古夫交惡所捏造出來的謠言。

話說回來，如此巨大的金字塔究竟是如何建造出來的，至今仍處於推測階段。要將230萬個平均2．5噸重的石頭堆疊成型，的確需要非常龐大的勞動力。不難想像，能完成這項工程的法老勢必建構了穩固的中央集權體制，而這樣的統治者不太可能是暴君。

關於金字塔的修建，根據近年透過各種書面資料所掌握到的資訊，勞工們不但在醫療、食糧方面獲得保障，亦被賦予充足的休息時間。這與所謂的奴隸待遇相差甚遠，實際上反而相當人道。

面對這些解不完的謎團，一項新的研究在二〇一五年正式展開。這是利用宇宙射線中所含有的基本粒子之一——「渺子（muon）」來「掃描」金字塔內部的研究。由日本、法國、埃及組成的跨國研究團隊所主導的「掃描金字塔計畫（Scan Pyramids）」，於二〇一七年釋出消息，指稱金字塔內部似乎存在著至今尚未被發現的巨大空間而備受矚目。

哈特謝普蘇特

Hatshepsut

又譯 哈塞布蘇 等

從歷史上被除名的悲情女王

位於底比斯西北方、帝王谷東邊的哈特謝普蘇特女王神殿，3座平台型的柱廊由長斜坡串聯起來，顯得十分遼闊壯麗。被譽為神殿建築最高峰的這座陵廟，是由女王哈特謝普蘇特命建築師塞內穆特（Senenmut）建造的。哈特謝普蘇特的父親為圖特摩斯一世，而她則是埃及歷史上屈指可數的女王。一般普遍認為，她是因為擔任年幼的圖特摩斯三世［→P188］的監護人，才當上法老。然而，她不甘居於監護人的身分，代替圖特摩斯三世在政治上大展身手。哈特謝普蘇特勤於國政，甚至曾著男裝扮成男法老，並命人將此模樣畫在壁畫上。說她奠定了圖特摩斯三世所建立的強大帝國的基礎也一點都不為過。

女王於掌政初期曾遠征國外，後來則著重於貿易往來。她派遣貿易商隊前往地中海東岸的畢波羅士與東非的蓬特國（Punt），帶回了乳香、黑檀、沒藥、象牙等珍貴資源，據信，透過貿易所蓄積的財富，在圖特摩斯三世遠征海外之際起了很大的作用。此外，和歷任法老一樣，女王也在建設巨大建築物方面做出貢獻。至今仍聳立於卡納克神廟，高約30公尺的方尖碑便是由她下令修建的。

治國有方的哈特謝普蘇特，相傳約莫於50歲時溘然長逝。研究人員檢視其木乃伊，觀察到已侵蝕入骨的惡性腫瘤、糖尿病以及蛀牙等情況，顯示其生前似乎飽受病痛折磨。哈特謝普蘇特過世後，她的名字卻從所有文書紀錄上消失，連壁畫上的文字也難逃被削除的命運。但這究竟出於何故則不得而知。有一說主張，這肇因於圖特摩斯三世與她的關係不睦，但也有可能是出自政治上的考量，令在位者不願留下女性統治埃及的歷史。有鑑於後來的時代不斷貶低哈特謝普蘇特的女王地位，後者的主張似乎較具說服力。哈特謝普蘇特的方尖碑之所以未遭剝奪，正是因為在圖特摩斯三世的時代被覆蓋隱藏起來所致。但此舉反而令她的名諱得以保留下來，說來還真是諷刺。

Thutmose III

圖特摩斯三世

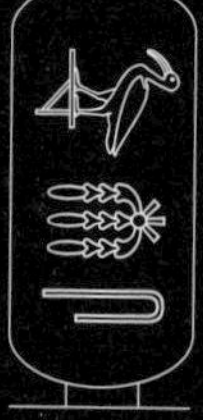

埃及帝國史上斬獲最多領土的戰將

圖特摩斯三世年僅6歲便登基，據悉與繼母哈特謝普蘇特〔↓P186〕共同執政的時代，幾乎都在軍中度過，從小在軍事方面累積了豐富的經驗，十分驍勇善戰。在奉行和平主義的哈特謝普蘇特治世下，埃及國威日益低下，在這段期間，北美索不達米亞的強國米坦尼（Mitanni）王國不斷茁壯，成為威脅埃及領土的一大勢力。因此，圖特摩斯三世在哈特謝普蘇特逝世後，積極進行海外遠征，以期恢復國威。

西元前一四五七年（抑或前一四八二年等，眾說紛紜），受米坦尼王指揮的迦南（Canaan）聯軍與圖特摩斯三世軍隊於米吉多（Megiddo）丘陵激烈交戰。

米吉多地處古代貿易路線要衝，是備受重視的城邦國家，坐落於米吉多山近郊，而米吉多山則成為最終決戰之地——哈米吉多頓（Armageddon）的語源。相傳圖特摩斯三世傾注全力攻克此地。後來被稱為米吉多戰役而名留青史的這場戰爭，最終以埃及軍大勝聯軍收場。當時的戰況被留存於卡納克神廟的壁畫上，令後世法老們好生崇拜。

圖特摩斯三世未停下征戰的腳步，在這之後進行了17次的遠征，獲得了更多的領土。北抵幼發拉底河（Euphrates），南達努比亞（Nubia），打造出埃及史上規模最大的帝國。他將戰敗地的王公貴族子女當作人質，使其在埃及接受教育。透過這種方式，讓這些孩子日後歸國時不忘埃及的栽培之恩。被圖特摩斯三世征服的國家所進獻的金銀珠寶，為他帶來莫大的財富，也讓後來的法老們跟著受惠。

有一說認為法老（pharaoh）這個稱謂始於圖特摩斯三世的時代。法老一詞源自意為大房子的「pr-aA」，相傳是因為希臘人的口音才被念成法老。圖特摩斯三世因軍事長才而成就霸業，亦被後世的歷史學家譽為「埃及的拿破崙」。

阿蒙霍特普四世

Amenhotep IV/Akhenaten

又名 阿肯那頓 等

在埃及史上大放異彩的革命法老

據信約於西元前十四世紀中期在位者為阿蒙霍特普四世，又名阿肯那頓，意為「對太陽神阿頓〔→P166〕有益之人」。他人如其名，狂熱信仰阿頓神，撤換了以往法老們所信奉的太陽神阿蒙〔→P142〕，斷然進行只准單獨崇拜阿頓神的宗教改革（阿瑪納革命）。也有一說認為這項革命乃一神教的起源。

身為先王阿蒙霍特普三世與王后蒂伊（Tiye）之子的阿蒙霍特普四世，在其掌政的時代，埃及仍延續著始於圖特摩斯三世〔→P188〕的盛世，處於巔峰期。然而，權力大到甚至超越法老的阿蒙祭司團持續擴展在宗教上的影響力，令君王多所忌憚，為了達成王權與宗教統一的目的，遂祭出阿頓神這個手段。相傳被譽為古埃及三大美人之一的王后娜芙蒂蒂（Nefertiti）也篤信阿頓神。阿蒙霍特普四世將首都從底比斯遷往阿赫塔頓（現為阿瑪納），並下令削除埃及各地神殿與墓地的阿蒙・拉名稱和圖像。在壁畫與雕像等創作方面，他廢除了以往的制式畫法，追求更具寫實性的風格，而被稱為阿瑪納樣式。流傳至今的阿蒙霍特普四世的雕像有著尖尖的下巴和頎長的四肢，乃以往埃及未曾有過的異樣風格。

然而，突如其來的改革令埃及的內政陷入混亂，在阿蒙霍特普四世死後，阿頓信仰便遭到繼位的圖坦卡蒙［→P192］廢除。尤其對民眾而言，單獨信仰阿頓神便無法透過冥王歐西里斯［→P50］獲得來世的保證，進而成為引發民怨的導火線。這項宗教改革最終以短命收場。

在歷任法老中，曾進行此類改革者實屬少之又少。時光來到二〇一二年，埃及發生政變，獲得執政權的穆斯林兄弟會便引用阿肯那頓的「一神教」來制定憲法條文。由此可知，這位法老以革命者之姿在埃及人民心中留下強烈的印象。

圖坦卡蒙

Tutankhamun/Tut-ankh-amen

又名 圖坦卡頓／圖坦卡門 等

黃金面具與渾身是謎的少年法老

配戴著「黃金面具」令現代人得知古埃及有多鼎盛繁華的法老，即為圖坦卡蒙。研究人員查驗覆蓋於面具下的木乃伊後才得知，他是年僅19歲便離開人世的少年法老。從其陵墓中發現了琳瑯滿目的奇珍異寶，但其死因與施政，長久以來卻是個謎。近年透過基因檢測才發現，他是因為體弱多病才英年早逝。

黃金面具

從圖坦卡蒙陵寢內所發現的各種珍貴裝飾品，皆被收藏於埃及博物館。覆蓋於木乃伊頭部，赫赫有名的黃金面具為純金製。據悉收納木乃伊的棺材重達110公斤，亦為純金製。

瓦吉特（Wadjet）

黃金面具的頭部則裝飾著守護法老的眼鏡神女神——瓦吉特。

令世人大開眼界的法老奢華財寶

因哈特謝普蘇特〔↓P186〕、圖特摩斯三世〔↓P188〕的手腕而累積驚人財富的新王國時代第十八王朝。歷經阿蒙霍特普四世〔↓P190〕失敗的宗教改革後，由其傳說中的兒子「圖坦卡頓」繼位成為第十一代法老。相傳圖坦卡頓約莫於西元前一三三三年登基，當時仍未滿10歲。為了恢復從前傳統的太陽神阿蒙〔↓P142〕信仰，他將名字改為「圖坦卡蒙」，而這個名字後來則轉為大家耳熟能詳的圖坦卡門，這點應無須贅述。據信宰相阿伊（Ay）與軍隊總司令霍朗赫布（Horemheb）代替這位年輕法老，重整埃及混亂的內政。

世人得以知曉圖坦卡蒙的存在，都要歸功於未遭到盜墓破壞，而奇蹟似地完整保留下來的圖坦卡蒙陵墓。亦被喻為埃及考古學上最大發現的這座陵寢，於一九二二年由英國考古學家霍華德・卡特（Howard Carter）所發現。3000多年不曾被盜挖的這座墓室，除了裝飾於木乃伊頭部的「黃金面具」外，還有狀態絕佳的2000餘件陪葬品出土。而且近年還有學者主張，這座陵寢可能還存在著「隱藏墓室」，相關研究至今仍令考古學家們趨之若鶩。

逐漸明朗化的少年法老王生平

有關圖坦卡蒙的身世（父母為何人）與死因有諸多推測。根據木乃伊的調查結果，圖坦卡蒙19歲便英年早逝，關於死因則眾說紛紜，像是陰謀論或暗殺等等。他的頭部有個大傷口，因此遭毆打致死，或近親通婚造成遺傳性疾病則被認為是很有力的說法。然而，二〇一〇年埃及最高文物委員會（Supreme Council of Antiquities，SCA）祕書長札希．哈瓦斯（Zahi Hawass）所率領的研究團隊，透過基因檢測與斷層掃描等方法，終於找到答案。根據團隊研究報告，圖坦卡蒙左腳變形，必須透過拐杖才有辦法行走。原本就身體虛弱的他，數度感染瘧疾，而且還是症狀最為嚴重會致死的惡性熱帶瘧。他在免疫力下降的狀態下左腳骨折，因遲遲無法康復而喪生。該報告還指出，其父親為阿蒙霍特普四世，母親為阿蒙霍特普四世的姊姊或妹妹。

Ramesses II / Ozymandias

拉美西斯二世

又名 奧茲曼迪亞斯 等

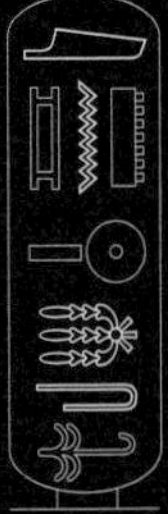

留下巨大建築的王中之王

拉美西斯二世打造了拉美西姆祭廟、阿布辛貝神殿等到埃及觀光必訪的多座巨型建築，而擁有建築王的別稱。關於其生平有許多說法，約莫20歲時即位，活到92歲才過世。相傳他有8名妃子，子女超過100人，這破天荒的紀錄令他被譽為法老中的法老。其名字的希臘文念法則為「奧茲曼迪亞斯」。

史上第一位取得護照的木乃伊

拉美西斯二世的木乃伊於一八八一年出土，被保存於開羅的埃及博物館，但因出現發霉情況，而於一九七六年被運往巴黎處理。埃及政府決定頒發護照好讓這具木乃伊能飛出國門。職業欄則記載著法老。

自行駕駛戰車的勇猛君王

新王國時代第十九王朝始於拉美西斯一世，接著為塞提一世，由拉美西斯二世接棒後迎來全盛期。與圖特摩斯三世〔→P188〕等法老主政的第十八王朝相比，領土面積雖少了一半，但能與海外強國西臺（Hittite）分庭抗禮，在國內則陸續興建巨大建築物等，確實維持住國家尊嚴。

年紀輕輕便即位的拉美西斯二世，約於西元前一二七四年的卡德墟（Qadesh／Kadesh）戰役，正式與西臺帝國交鋒。相傳當時拉美西斯二世中了敵計而陷入軍隊四分五裂的窘境，但他面對這個絕對不利的狀況也不曾退縮，獨自駕駛雙輪戰車（Chariot）攻向敵營。接著以媲美沙漠之神賽特〔→P60〕的戰力擊退敵軍。但這似乎是被過度誇大的英雄事蹟，據悉實際上西臺是為了對付已進逼而至的亞述（Assyria）軍隊才選擇撤退。從塞提一世的稱謂便可得知，拉美西斯二世一族應該很崇敬賽特，而且喜愛驍勇善戰的故事。這場卡德墟戰役則以大獲全勝的樣態被描繪於壁畫上。附帶一提，當時所締結的和平條約，據說是留有紀錄中最古老的外交條約之一。

在現代依然享有盛名的巨大建築之主

拉美西斯二世在內政方面則將心力傾注於建築事業上。盧克索神廟的第一塔門、現已遷往巴黎協和廣場的方尖碑等，都是由拉美西斯二世增建的。此外，自身的長眠之地拉美西姆祭廟，以及建於努比亞巨型岩窟的阿布辛貝神殿，則是他所經手過的最大規模建築。儘管後宮如雲，但王后妮菲塔莉（Nefertari）依舊是他的最愛。帝后谷至今仍留有妮菲塔利壯麗的陵墓。

拉美西斯二世也是深得後世研究者喜愛的法老。躲過盜墓破壞，至今仍留存於埃及博物館的拉美西斯二世木乃伊，如前所述，曾為了進行防腐處理而專程被送往巴黎。附帶一提，拉美西斯在當時屬於高䠷身材，髮色據推測為紅色。在興建亞斯文高壩，導致阿布辛貝神殿恐面臨淹沒危機之際，切莫忘了幸虧有一群研究者費盡心力提倡進行遷移，才能讓世人得以持續瞻仰其風采。

Alexander III

亞歷山大大帝

本名 亞歷山大三世

助埃及王朝復活的偉大英雄

亞歷山大大帝是在西元前三三六～前三二三年，率領馬其頓王國，將版圖大幅從地中海擴張至印度外圍的古希臘大英雄。埃及也是被他征服的土地之一，但他尊崇傳統，以法老之姿治理埃及，解救了苦於波斯暴政的古埃及人們。後來則出現了馬其頓血統的托勒密王朝。

古東方文明

被喻為人類最古老文明的底格里斯河、幼發拉底河兩河流域文明，再加上尼羅河流域文明，統稱為古東方文明。古東方世界經由亞歷山大大帝統一後，古東方文明遂與希臘文化融合。最終發展成被喻為歐洲古典文化之祖的希臘化文明（Hellenism）。

解救埃及脫離波斯的統治

在距離拉美西斯二世〔→P196〕的繁華盛世已很遙遠的西元前三三二年，馬其頓的亞歷山大率軍進攻當時正受到波斯統治的埃及第三十一王朝。他在前一年的西元前三三三年，於伊蘇斯（Issus）戰役打敗波斯的大流士三世（Darius III），輕而易舉地拿下埃及。相傳他主動成為法老，大受反波斯人的埃及民眾歡迎。在埃及獲得充分補給的馬其頓軍，在翌年的西元前三三一年，於高加米拉（Gaugamela）戰役再度擊敗大流士三世。波斯終於走向滅亡一途。

馬其頓是位於希臘奧林帕斯（Olympus）山麓的小王國，而亞歷山大則是該國王子。相傳他自幼便對阿基里斯（Achilles）與海克力斯（Hercules）等英雄傳說感到無比憧憬。年僅20歲便首度進行遠征，擊敗宿敵波斯後，一路往印度進軍，獲得廣大的領土，而且才短短12年左右便完成了這項豐功偉業。為何馬其頓這樣一丁點大的國家能如此戲劇性地擴張版圖，至今仍是研究者所探討的議題。遺憾的是，亞歷山大英年早逝，在正值青壯年的32歲死於高燒，也有人說是遭蜂螫而死。亞歷山大的名字在波斯文又被稱為「伊斯坎達爾（Iskandar）」。

盡心盡力復興埃及的希臘人法老

亞歷山大用心與征服地，特別是波斯建立和諧關係，他將各地重新整編加以治理，在內政方面亦大展長才。尤其是在統治埃及方面，獲得民眾力挺，認為埃及在其帶領下將再度繁盛。亞歷山大大帝對埃及的宗教與歷史亦展現敬意，他在參拜太陽神阿蒙〔→P142〕神殿時，獲得神諭，直指其為神之子，他便從善如流登上法老寶座。他將原本為漁村的小城鎮設為首都，將之建設成一大都市，並命名為亞歷山大港（Alexandria）。亞歷山大修復了卡納克神廟的圖特摩斯三世〔→P188〕祭殿的祠堂，並留下自身的浮雕。他亦重建盧克索神廟的祠堂，在埃及歷史上持續留下自身的足跡。這或許是因為他在過去曾為埃及帶來繁榮的著名法老們身上，看到自身的影子也說不定。亞歷山大大帝死後，其帝國分裂為三，分別是以敘利亞為中心的塞琉古（Seleucid）王朝、馬其頓以及成為埃及最後王朝的托勒密王朝。

Ptolemy I

托勒密一世

開創埃及最後王朝的外國人法老

在亞歷山大大帝〔→P200〕麾下擔任埃及總督的托勒密，在亞歷山大大帝死後，以繼承者（Diadochi）之姿，與其他有權繼承的競爭者為了爭奪領土而激烈交戰，最後脫穎而出，成為托勒密王朝的創始者。

他在登基後以托勒密一世之名君臨天下，竭盡心力復興埃及，為埃及找回昔日繁榮，甚至被喻為「救星（Soter）」。儘管托勒密一世是出身馬其頓的外國人君王，但效法亞歷山大大帝，接納埃及的歷史與宗教，也會主動前往神殿參拜。藉由自身乃太陽神阿蒙〔→P142〕之子的神諭，來強化身為法老的地位。而且，托勒密一世也不忘發揮埃及興建金字塔等巨大建築物的看家本領，著手大興土木。其中一項則是建於亞歷山大港入口——法羅斯島（Pharos）的大燈塔。相傳這座燈塔十分巨大，高達140公尺，與吉薩的金字塔並列為古代人渴望親眼一睹的「世界七大奇景」之一。遺憾的是，這座燈塔在十四世紀時因地震而全毀，目前已無法見到其英姿，但相信如此巨大的規模，肯定為托勒密一世帶來與歷任法老同等的權勢。一九九四年經由潛水員發現了燈塔遺址，因此若是潛入亞歷山大港海域，或許就有機會一睹大燈塔的遺骸。

托勒密一世的另一項政績為竭力振興學術，不但打造了擁有世界第一傲人藏書量的亞歷山大港圖書館，亦創設了據悉為博物館（museum）語源的王立研究機構（Mouseion）。這座研究機構後來培育出阿基米德（Archimedes）、歐幾里德（Euclid）、埃拉托斯特尼（Eratosthenes）等一票赫赫有名的學者。然而，在托勒密一世以後的時代，埃及王朝逐漸失去力量，無論是圖書館或研究機構，全都未能倖免於後來埃及王朝滅亡與羅馬統治下的兵荒馬亂。珍貴的書籍與建築也隨著掠奪與破壞而佚失。

Kleopatra VII

克麗奧帕特拉

又名 克麗奧帕特拉七世、埃及豔后 等

令古埃及王朝落幕的悲劇女王

古埃及王朝的最後一位法老——

克麗奧帕特拉女王，其人生宛如電影情節般，極富戲劇性。為了逃過崛起的羅馬勢力，免於被併吞，相傳克麗奧帕特拉色誘了凱撒等羅馬掌權者，但也有學者給予正面評價，認為她是為了保護埃及的聰明野心家。她在歷史上所演繹的這齣亡國劇，至今仍深深吸引著世人。

世界三大美女

人們會選出3位因美麗動人而名留青史的女性，並給予「三大美女」的封號。而克麗奧帕特拉，則與中國唐朝（七～十世紀）妃嬪楊貴妃，以及日本平安時代前期，約生於九世紀的詩人小野小町並列為世界三大美女。在歐美也有地方會將小野小町換成希臘神話中的美女海倫（Helen），組成世界三大美女。古埃及的三大美女則是：娜芙蒂蒂王后、妮菲塔莉王后以及埃及豔后。

令羅馬當權者心醉神迷的才氣縱橫女王

西元前五一年，羅馬正如火如荼地將勢力擴展至地中海全域，托勒密十二世的女兒克麗奧帕特拉七世，年僅18歲便即位，與弟弟托勒密十三世通婚，共同執政。克麗奧帕特拉是經常用於女性王族的名諱，一般所說的克麗奧帕特拉則是指克麗奧帕特拉七世。

克麗奧帕特拉被圍繞在年幼的托勒密十三世身邊的近臣們視為絆腳石，即位後隨即失勢。與此同時，羅馬將軍凱撒一路追著逃往埃及的政敵而踏上埃及國土。被趕出王宮的克麗奧帕特拉聽聞凱撒能力出眾而決定拉攏他，相傳她竟然大膽地藏身於寢具中，潛入其寢室。此舉雖令凱撒感到訝異，但克麗奧帕特拉發揮語言天分與柔美的嗓音，與凱撒聊了一整晚的政治和歷史。

有凱撒作後盾而重返王位的克麗奧帕特拉，與凱撒之間有了孩子，名為凱撒里昂（Caesarion）。然而，當凱撒於羅馬遭到暗殺後，克麗奧帕特拉轉而與備受羅馬期待的年輕將領安東尼（Marcus Antonius）交往。克麗奧帕特拉從以前便被視為「對英雄投懷送抱」的狐狸精，在羅馬的風評已不是很好，當安東尼說出要將羅馬領土分給自己與克麗奧帕特拉所生的孩子時，羅馬人的憤怒情緒一口氣爆發。遭奧古斯都（Augustus）所率領的羅馬軍打敗的克麗奧帕特拉，於西元前三一年，以毒蛇嚙咬的方式自盡身亡。埃及王朝隨之落幕。

克麗奧帕特拉真的是沉溺於愛情的惡女嗎？

或許是因為如此戲劇化的生平，克麗奧帕特拉有時也會被描述成導致王朝滅亡的惡女。然而，近年的研究則發現不同的觀點。當時尼羅河長達數年未氾濫，埃及人民因為作物歉收而過得民不聊生。民眾因為不安，對王朝的向心力也跟著下降。

克麗奧帕特拉雖有幾幅肖像畫流傳下來，不過最能看出其容貌的則是雕像。克麗奧帕特拉的雕像有著一頭希臘風格的捲髮，然而她真正的模樣卻依然成謎，羅馬時代的歷史學家普魯塔克（Plutarch）曾表示，克麗奧帕特拉長得還算不錯。或許克麗奧帕特拉只是想發揮深厚的素養，令埃及得以續命也說不定。

常見於壁畫的埃及神話諸神

古埃及人因崇拜許多動物的神奇能力，而將之以神格化的方式呈現。接下來要介紹這些留存於壁畫中，外型極富特色的神祇與辨識方法。

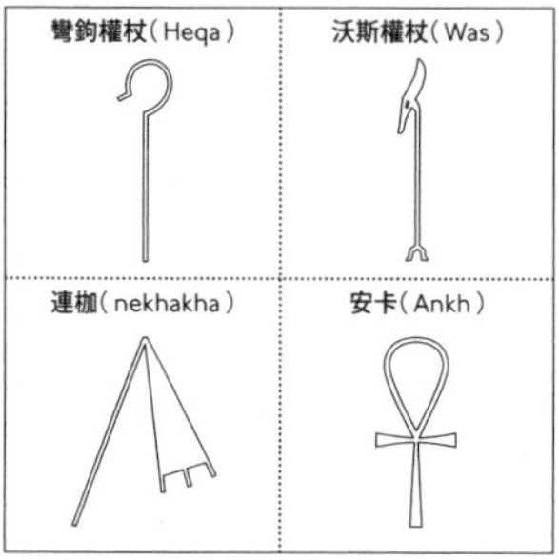

諸神與法老王標誌

象徵諸神與法老王權威而頻繁出現的物件。

沃斯權杖：象徵支配、統治，大多為與國家相關的神祇所持。
安卡：象徵生命的象形文字。
彎鉤權杖：代表上埃及王權。相傳原本可能為牧羊人用的勾杖。
連枷：代表下埃及王權。源自農耕工具。

纏綿繾綣，熱情如火的神仙眷侶

蓋布與努特

▶ P44

特徵 鵝（蓋布）、
身體被繁星包覆（努特）等

大地之神蓋布與天空女神努特為夫妻，兩人皆被描繪成人類的外型。在壁畫中最常見到蓋布呈躺臥姿勢，努特籠罩於其上方，兩人之間則隔著棒打鴛鴦的父親舒［→P42］，不過這對夫妻有時也會被個別畫出來。蓋布會以鵝頭形象示人，隨著時代變遷則轉變成頭戴王冠。努特則是身體被繁星包覆，或穿著布滿點點繁星的衣裳，以坐姿形象示人時，則手持較少出現在女神圖像中的沃斯權杖。

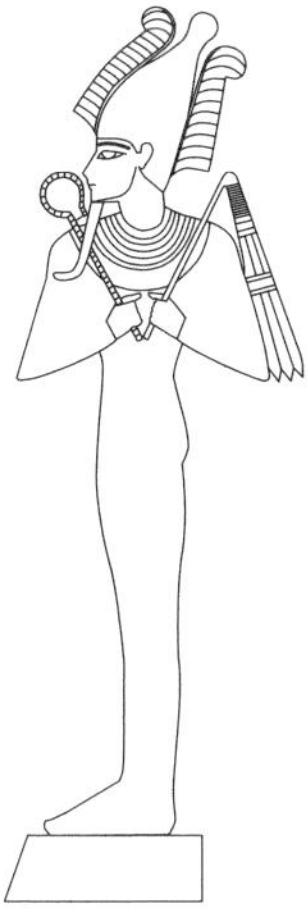

因妻子伊西絲的付出而復活的冥界之王

歐西里斯

▶ P50

特徵 白布、彎鉤權杖、鞭子等

被破壞之神賽特［→P60］殺害，幸虧妻子伊西絲［→P56］搭救而復活成為冥界之王、負責審判亡者的歐西里斯。因為慘遭分屍，幾乎都被畫成全身裹著白布，靜止不動的木乃伊模樣。偶爾也有描繪其穿著王袍走動的圖像。歐西里斯會擺出雙手交叉於胸前或手臂往前伸的姿勢，手上握著象徵王權的彎鉤權杖與連枷，頭上則戴著白冠。

象徵賢妻良母的女神

伊西絲

▶ P56

特徵 寶座象形文字、花杖、西斯特爾叉鈴等

守護亡者，支配命運的女神。多半以女性形象示人，有時也會被畫成長著一對翅膀，頭頂之物則是代表其名諱的寶座象形文字。手持花朵造型的手杖，或西斯特爾叉鈴這種會發出清脆聲響的樂器以及安卡等物。她也會被描繪成動物或半人半獸的模樣，而且種類繁多，像是牛、蠍子、鳥等等。與女神瓦吉特融合時，外型則變成母獅。

創造秩序與文字的智慧之神

托特

▶ P46

特徵 朱鷺、狒狒、
蘆葦筆等

外型多半為朱鷺，抑或朱鷺頭男身。以男身形象示人時，則會以坐姿或立姿入畫，有時會配戴阿特夫冠（Atef）。另一種外型則是被描繪成狒狒（長鬃狒狒）。此外，也會很罕見地以獅子或獅頭人身，或者人類的形象入畫。據信為文字、計算與秩序創造者的智慧之神托特，其手持的蘆葦筆、硯台、卷軸與水鐘等物則被視為聖物。

司掌項目廣泛與形象百變的天空之神

荷魯斯

▶ P66

特徵 遊隼、安卡、
沃斯權杖等

信仰圈範圍廣大，身兼多職的荷魯斯，外型亦多采多姿。基本上以遊隼模樣現身，但隨著時代推移，逐漸被描繪成遊隼頭人身。他的圖像大多呈立姿，也有坐在寶座上或搭乘小舟的場景。荷魯斯會配戴頭冠，樣式卻是五花八門，所持有的物件則是沃斯權杖與安卡等。他的模樣會隨著各地域的信仰發展而異，有時也會以少年或士兵的形象示人。

面容為假想生物的破壞神

賽特

▶ P60

特徵 貌似狗的假想動物、安卡、白冠等

賽特的外型大多為類似犬首的動物頭部與男身，有時也會以人類之姿入畫。因無法確定其頭部的動物種類，研判應為想像中的生物，抑或埃及人所不熟悉的動物所綜合而成的形態。在哥哥歐西里斯［→P50］與女神伊西絲［→P56］的神話中被描繪成反派，奠定了其身為惡神會帶來災害與破壞的形象，因此也會被畫成鱷魚或蛇等令人類感到避忌的動物。

將歐西里斯製成木乃伊的冥神

阿努比斯

▶ P80

特徵 黑狗、項圈、椰子葉

在沙漠墓地四處徘徊的野狗，被人類善意解釋成是在守護亡者，因而廣受信仰的阿努比斯，通常以黑狗形象示人。他通常被描繪成坐在箱子上，頸部戴著粗項圈的黑狗，或者是黑狗頭人身。以人類之姿入畫時，也會手持椰子葉。此外，阿努比斯因為歐西里斯製作木乃伊而被視為木乃伊師傅的守護者，自身有時也會被畫成木乃伊。

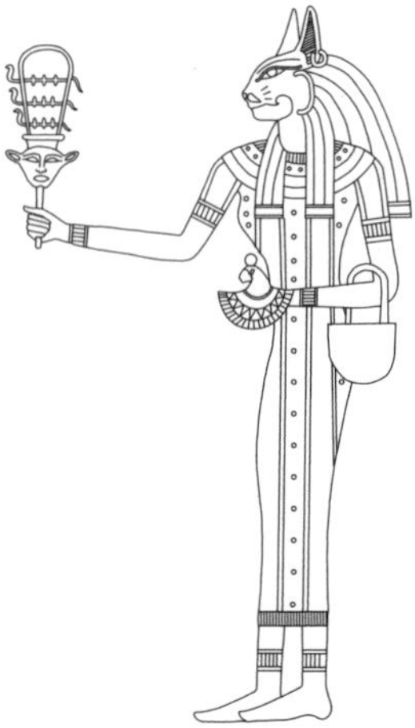

深受古埃及人敬愛的貓女神

芭絲泰特

▶ P86

特徵 貓、西斯特爾叉鈴、籃子

古埃及人積極養貓，而女神芭絲泰特則能令人感受到古埃及人有多愛貓。她通常以母貓，抑或母獅頭女身的形象示人。身穿條紋連身罩衫，戴著項鍊等飾品。手上拿著西斯特爾叉鈴（類似搖鈴的樂器）與盾牌，左手則提著一只籃子。除了被當成法老王的守護神崇拜外，一般家庭也將其視為家中守護神、多產的象徵而加以信奉。

為宇宙帶來生命的生產女神

赫克特

▶ P94

特徵 青蛙、安卡

外型為青蛙或蛙頭女身，樣貌相當特殊的女神，兩手各拿一只代表生命符號的安卡。蛇與青蛙被認為是生命之神，而且青蛙一次會產很多卵，因此赫克特亦成為多產、生產的象徵。她原本只是一介地方神，據信是因為與羊頭神克努姆［→P92］形成連結後，地位才隨之提升，成為賦予生物生命的神祇。

以無與倫比的力量帶來生命與光明的太陽神

拉

▶ **P122**

特徵 遊隼、太陽圓盤、沃斯權杖等

被認為是世間萬物生命的來源，以及正午象徵的太陽神拉，經常被畫成頭頂太陽圓盤的男性，抑或遊隼頭男身。他會配戴沃斯權杖、安卡、神冠與王冠等象徵權威與神性的物件。有時會以兒童或小牛來呈現剛出生的太陽，公羊頭男身則代表夜晚的太陽。此外，拉因為會殺蛇，外型也會被畫成巨大的公貓。

成為太陽神的糞金龜神

凱布利

▶ **P128**

特徵 糞金龜（聖甲蟲）

凱布利通常被畫成糞金龜（聖甲蟲）或頭部為糞金龜的男性。在壁畫中則以黑漆漆的昆蟲形態示人，應該一眼就能辨識出來。古埃及人認為聖甲蟲是靠著自身所滾動的糞球而自然產生的，後來逐漸將聖甲蟲所滾動的糞球與太陽的意象重疊在一起，並將之與太陽神拉［→P122］和阿圖姆［→P38］串聯起來，凱布利便以太陽神之姿而廣受信仰。

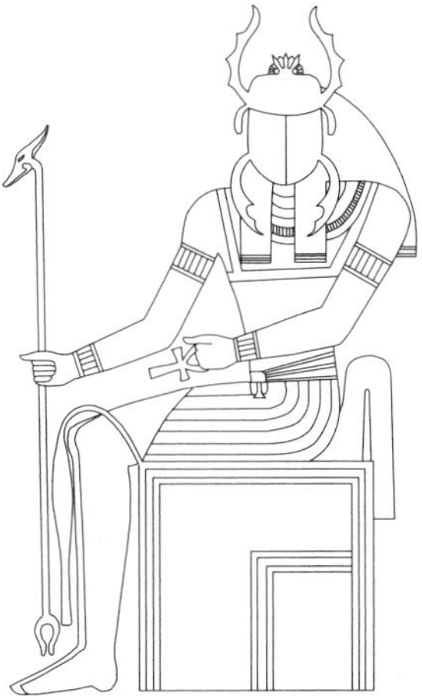

尼羅河的恩澤與殘酷的神格化

索貝克

▶ P152

特徵 鱷魚、太陽圓盤、白冠

象徵尼羅河河水所帶來的恩澤，以及氾濫時之毀滅力的河神索貝克。因本體源自尼羅河的鱷魚，因此通常以鱷魚或鱷魚頭人身的形象示人。頭戴裝飾著羽毛與角的白冠或太陽冠，手持安卡與沃斯權杖。在古王國後期也會被畫成頭部為公羊、公牛、獅子，身體為鱷魚的混合形態，偶爾會完全以人類之姿入畫。

被畫成奢華法老王的埃及主神

阿蒙

▶ P142

特徵 纏腰布、鎧甲、裝飾著羽毛的帽子

阿蒙的名字意為「隱藏之物」，而他也因為這個名號而被認為是抽象概念的擬人化，大多被畫成有著一身綠色肌膚的男性。他身穿纏腰布，配戴鱗片鎧甲，坐在裝飾華美的寶座上。頭戴插有2根長羽毛的帽子，手持沃斯權杖與鞭子。有時也會被描繪成動物或半人半獸的形態，諸如公羊、羊頭男身、鵝、原初之蛇等等，種類十分豐富。

成為世界遺產的主要遺址

最早被列為世界遺產的古埃及遺址。神殿與陵寢等建築的規模之大令人嘖嘖稱奇。

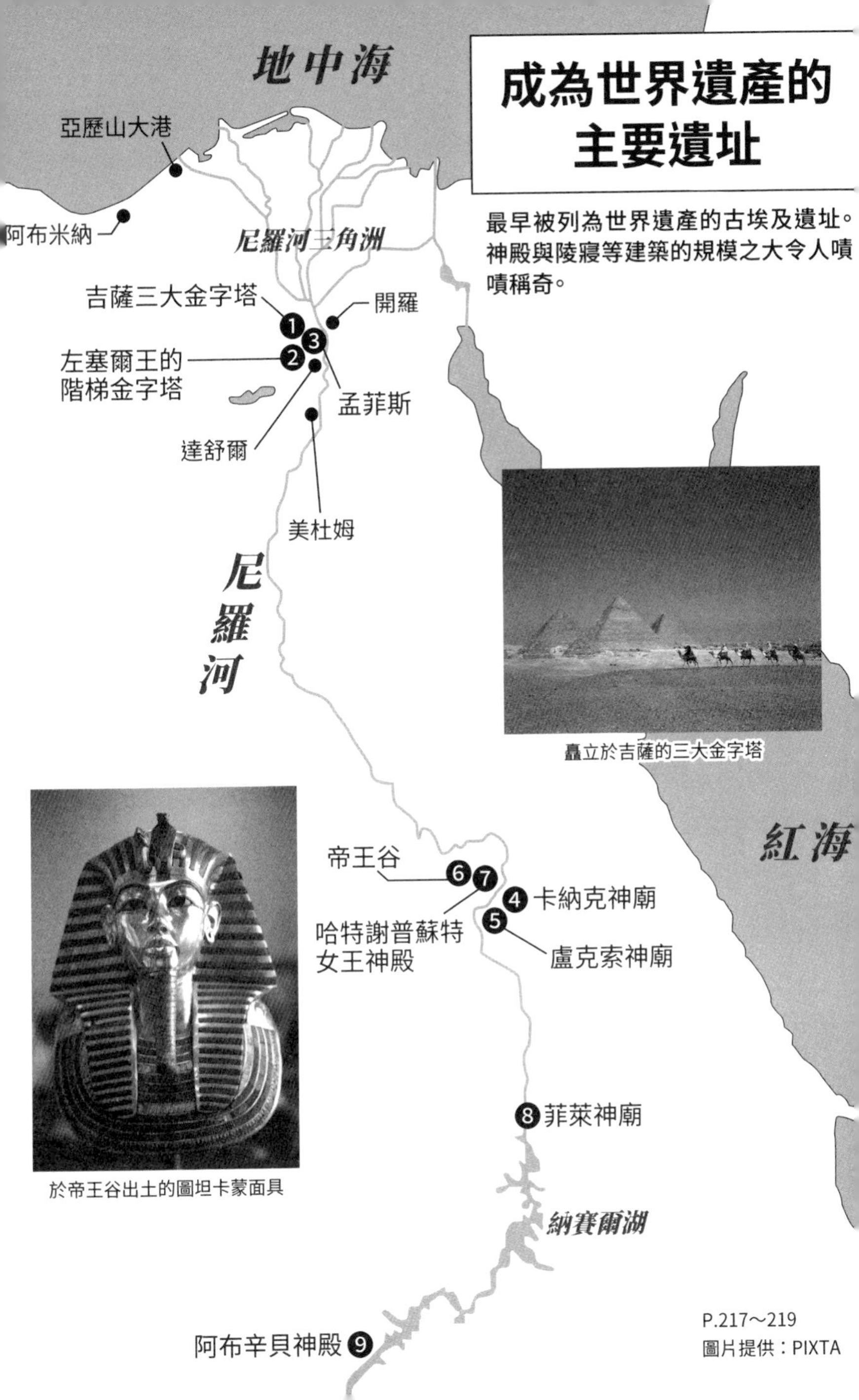

矗立於吉薩的三大金字塔

於帝王谷出土的圖坦卡蒙面具

P.217～219
圖片提供：PIXTA

卡夫拉金字塔與人面獅身像

❶埃及最具代表性的人氣景點

吉薩 三大金字塔

位於埃及首都開羅近郊，尼羅河西岸的吉薩至達舒爾（Dahshur）一帶，約有80座金字塔分布，其中則以古夫、卡夫拉、孟卡拉的三大金字塔最為有名，規模居冠的古夫金字塔高達137公尺（創建時為146公尺），令人感受到法老的權勢之大。在古夫的兒子卡夫拉王的金字塔旁，則可見到由巨石所削鑿而成，高達20公尺的人面獅身像。

❷留存於薩卡拉的最古老金字塔

左塞爾王的階梯金字塔

建於早王朝首都孟菲斯近郊薩卡拉地區的金字塔。約於西元前二七〇〇年，由宰相印和闐奉第三王朝的左塞爾王之命所建，據信此為埃及第一座石造金字塔。這座金字塔將以往主流的長方體陵墓「馬斯塔巴」逐一往上堆疊，形成了六級階梯狀金字塔，高約62公尺。這成為金字塔的原型，在第四王朝的斯尼夫魯王時代，四角錐型的金字塔於焉登場。

❸埃及最古老的首都

孟菲斯

位於埃及統一王朝最古老首都孟菲斯的遺址，由第一王朝的法老王阿哈（Hor-Aha）所建。在遷都之後，此地成為下埃及的中心地區，是很繁盛的主要都市。留存下來的遺跡並不多，展示著橫放的拉美西斯二世巨型石像的孟菲斯博物館，則因能一睹其精美的雕工而成為人氣觀光景點。其他還有在孟菲斯廣受信仰的普塔神殿遺址，以及雪花石膏（alabaster）製成的人面獅身像。

❹埃及最大規模的複合式神殿

卡納克神廟

人面獅身像成排的參拜步道

在新王國時代的首都底比斯成為國家主神的阿蒙．拉，此處則是其信仰中心地，是一座集結了無數大小神殿的複合式廟宇。自西元前二十世紀的中王國時代，大約歷經2000年的歲月，不斷進行擴建與改建，而成為埃及規模最大的神殿。建築物大多為新王國時代之物。除了主體的阿蒙．拉神殿外，還有祭祀其妻子努特、兒子孔蘇等神祇的神殿、圖特摩斯三世的祭殿，以及拉美西斯三世神殿等建築。

❺在拉美西斯二世時代竣工的神殿

盧克索神廟

供奉國家主神阿蒙．拉之妻努特的神殿。建造當時的定位為卡納克神廟的附屬設施，過去2座神廟曾以參拜步道相連，步道兩側則有成排的人面獅身像。阿蒙．拉與妻子會在這裡度過一年一度的「奧佩特節」，因此又被稱為「南方的後宮」。下令修建者則是新王國時代的法老王阿蒙霍特普三世與拉美西斯二世，在遺址還可見到拉美西斯二世的坐像與方尖碑。

❻法老們長眠的大墓地

帝王谷

此處有新王國時代眾多法老與貴族的墳墓，乃古埃及規模居冠的大墓地（necropolis，也被稱為死亡之城）。從當時首都底比斯的方位看來，此處正是太陽西沉的地點。圖坦卡蒙（圖坦卡門）、圖特摩斯三世、哈特謝普蘇特的陵寢皆位於此地。但幾乎所有的陵寢皆被盜墓者破壞，寶物也遭竊。從唯一毫髮無傷的圖坦卡蒙陵墓中出土的是著名的「黃金面具」等各式財寶。

❼為男裝女王所打造的壯麗祭殿

哈特謝普蘇特女王神殿

約於西元前一五〇〇年，由女王哈特謝普蘇特下令建造於帝王谷東側，用來舉行喪禮或祭儀的祭殿。這座神殿由女王的心腹——建築師塞內穆特打造，呈現出三段式平台型柱廊的典雅設計。背對著陡峭崖壁，顯得無比壯觀的景致，使得讚譽其為神殿建築最高峰的呼聲也很高。裡頭有歌頌女王政績、強調與阿蒙神之間有所關聯的文物，應該是欲藉此來彰顯女王治國的正統性。

❽位於尼羅河珍珠之島的伊西絲神殿

菲萊神廟

建於尼羅河中的菲萊島，以女神伊西絲神殿為主體的遺址。神廟於西元前四～前三世紀建於托勒密王朝時代，王朝滅亡後則成為希臘、羅馬時代的伊西絲信仰中心地。菲萊島是伊西絲生下兒子荷魯斯的聖地，但在一九〇二年亞斯文水壩興建之際，部分神殿遭到淹沒，並於一九七〇年代遷移至阿吉基亞島(Agilkia)。阿吉基亞島現則改稱為菲萊島。

❾世界遺產第1號！
巨石像並列的大神殿

阿布辛貝神殿

坐落於神殿入口處的拉美西斯二世像
照片：Przemyslaw Skibinski ／ Shutterstock

位於埃及最南端的努比亞地區，由一整座岩山挖鑿而成的巨大神殿。這是留下許多巨型建築的拉美西斯二世政績中，規模最大的建物之一，裡頭供奉的是太陽神拉．哈拉胡提(Ra-Horakhty)。入口處有4座高達21公尺的拉美西斯二世坐像，神殿內部則裝飾著讚頌其功績的壁畫與浮雕。神殿旁邊還有拉美西斯二世為了深愛的王后妮菲塔莉所建造，供奉著女神哈索爾的的小神殿。阿布辛貝神殿於一九七九年被列為世界遺產第1號。

主要參考文獻

《図説 エジプトの神々の事典（圖解埃及諸神事典）》
Stéphane Rossini、Ruth Schumann-Antelme著／河出書房新社

《古代エジプト神々大百科（古埃及諸神大百科）》
Richard H. Wilkinson著／東洋書林

《エジプト神話（埃及神話）》
Veronica Ions著／青土社

《図説 エジプト神話物語（圖解埃及神話故事）》
Jonathan Dee著／原書房

《エジプト神話シンボル事典（埃及神話標誌事典）》
Manfred Lurker著／大修館書店

《エジプト神話集成（埃及神話精選）》
杉勇、屋形禎亮譯／筑摩書房

《エジプトの神々（埃及諸神）》
池上正太著／新紀元社

《世界神話伝説大系 3（世界神話傳說大彙整 3）》
興趣教育普及會

《図説 エジプトの「死者の書」（圖解 埃及「死者之書」）》
村治笙子、片岸直美、仁田二夫著／河出書房新社

《古代エジプト ファラオ歴代誌（古埃及歷任法老人物誌）》
Peter A. Clayton著／吉村作治監修／創元社

《進入古埃及王朝的世界：法老、木乃伊與金字塔的故事》
近藤二郎監修／台灣東販

《漫畫圖解 · 不可思議的埃及古文明》
芝崎みゆき著／如果出版社

《圖解古埃及神祇》
松本彌著／楓樹林出版社

《ビジュアル・ワイド世界遺産（大開本 世界遺產）》
青柳正規監修／小學館

《神話で訪ねる世界遺産（跟著神話造訪世界遺產）》
蔵持不三也監修／ Natsume社

日文版STAFF

內文插圖 gozz、白藤与一、添田一平、竹村ケイ、panther、藤科遥市、真墨詠可、まっつん！

內文執筆 岩崎紘子、飯山恵美、野中直美、稲泉 知、高宮サキ

ZERO KARAWAKARU EGYPT SHINWA

Originally published in Japan in 2019 by EAST PRESS CO.,LTD
Chinese translation rights arranged through TOHAN CORPORATION, TOKYO.

國家圖書館出版品預行編目（CIP）資料

埃及神祇事典：從經典神話了解獨樹一幟的埃及眾神 / 紙結歷史編輯部著；陳姵君譯. -- 初版. -- 臺北市：臺灣東販股份有限公司, 2024.02
222面；12.8×18.8公分
ISBN 978-626-379-215-9(平裝)

1.CST: 神話 2.CST: 埃及

286.1 112021865

埃及神祇事典

從經典神話了解獨樹一幟的埃及眾神

2024年2月1日初版第一刷發行
2024年8月15日初版第二刷發行

著者 紙結歷史編輯部
譯者 陳姵君
副主編 劉皓如
美術編輯 林泠
發行人 若森稔雄
發行所 台灣東販股份有限公司
＜地址＞台北市南京東路4段130號2F-1
＜電話＞(02)2577-8878
＜傳真＞(02)2577-8896
＜網址＞https://www.tohan.com.tw
郵撥帳號 1405049-4
法律顧問 蕭雄淋律師
總經銷 聯合發行股份有限公司
＜電話＞(02)2917-8022

TOHAN